魯金

著

九龍城寨簡史

魯金作品集

**總序**

香港史研究興起之前，很多本地早期事蹟主要靠掌故保存下來。所謂「掌故」，是指關於歷史人物、社會風俗以及典章制度等的故實或傳聞。記載掌故的文章，或在報刊上發表，或見於文集、傳記、回憶錄中，是研究歷史不可或缺的參考材料之一。至於掌故是否全部確鑿可信，則有賴歷史學家進一步的考索和印證。

本地報紙的副刊，向以內容豐盛見稱，不乏佳作，造就了多位作家、小說家甚至專家學者。以掌故名家的亦復不少，當中的表表者是魯金，譽為香港掌故大家，是實至名歸的。著述繁富，時至今日仍有可供閱讀和參考的價值。

## 著名報人和作家

魯金（1924–1995），原名梁濤，祖籍廣東省雲浮市新興縣，生於澳門。以筆名魯金為人所熟知，其他筆名包括魯言、夏歷、魯佳方、老街方、三繞、夏秋冬等。從事新聞事業逾半個世紀，早年曾經在省、港、澳及戰時的韶關各大報章擔任編輯和撰述工作；抗日戰爭勝利後，定居香港。

魯金長期留意香港史事，對人物掌故和時代變遷瞭如指掌，寫成多篇文章，部分輯成專書。他為廣角鏡出版社編著《香港掌故》，總共出版了十三集；又為三聯書店主編「古今香港系列」叢書，當中有幾種是他自己的作品。1992 年，為市政局編寫《香港街道命名考源》和《九龍街道命名考源》。

## 主編「古今香港系列」

1988 年，三聯書店開始出版由梁濤主編的「古今香港系列」，是認識香港百多年來歷史進程和社會發展的一套重要叢書，備受注意，廣泛流傳。當中《港人生活望後鏡》、《粵曲歌壇話滄桑》和《九龍城寨史話》都署「魯金著」，是他比較重要的專書，視為代表作，似亦未嘗不可。《港人生活望後鏡》介紹了昔日香港流行的生活方式和習俗，包括飲食、時裝、娛樂、中藥等行業，及曾經流行一時的俗語等。《粵曲歌壇話滄桑》系統地敘述粵曲歌壇不同階段的發展，及早期粵曲歌伶、名曲玩家的生平逸事。《九龍城寨史話》搜集了大量歷史材料，並進行實地考察，是了解九龍城寨的基礎讀物。

講述港九各個地區街道的故事，魯金亦優以為之。《香港中區街道故事》和《香港東區街道故事》，均署「夏歷著」，街名來歷及相關事蹟，娓娓道來，除非是老街坊，否則是未必知道的。後來三聯書店編印「香港文庫・新古今香港系列」，除重印《香港中區街道故事》、《香港東區街道故事》外，增出《香港西區街道故事》、《九龍街道故事》、《新界及離島街道故事》，均署名「魯金」。港九、新界齊備，魯金走遍全港是名不虛傳的。

## 編著《香港掌故》

1977 至 1991 年，廣角鏡出版社出版了《香港掌故》十三集，前三集都是魯金的文章，總共四十三篇。當中有不少文章講述香港的百年發展，如第一集的〈百年來香港幣制沿革〉、〈百年來港澳交通史〉，第二集的〈百年來香港中文報紙版面的變遷〉，第三集的〈百年來香港新年習俗沿革〉和〈百多年來省港關係發展史話〉。

魯金講掌故，比較重視歷史脈絡和時代變遷，例如第一集就有〈香港食水供應史〉、〈香港稅收史話〉、〈香港海盜史略〉、〈香港嚴重的風災史〉等，第二集有〈香港的貪污與反貪污史〉和〈馬年談香港賽馬史〉，第三集有〈香港和中國邊界交通史〉和〈百多年來省港關係發展史話〉。也有關於重要歷史事件的，包括〈五十年前的香港大罷工〉、〈香港淪陷與香港重光〉之類。

第四集起，每集只有一至四五篇署名「魯言」的文章，重要的有〈耆英在香港〉（第四集）、〈香港華人社團的發展史 —— 三易其名的香港中華總商會〉（第五集）、〈香港清末民初武術發展史話〉（第十一集）等。十三集合共有署名「魯言」的文章六十多篇，內容包羅萬有，謂為百科全書式的香港掌故家，亦曰得宜。第二集中〈關於處理香港歷史資料的態度問題〉，頗可注意；第六集中有吳志森的〈魯言先生談《香港掌故》〉，有助加深了解。

## 其他著作與文獻材料

　　魯金還有幾種著作。1978 年廣角鏡出版社出版《香港賭博史》;1990 年代次文化堂出版包括:一、《香港廟趣》;二、《妙言廟宇》;三、《香江舊語:老派廣東話與香港民生關係概說》;四、《魯金札記:中國民間羅漢小史》。

　　總的來說,魯金掌故之所以有分量和特色,主要有幾個原因:第一,有新聞觸角和歷史眼光,而且能夠兩者兼顧;第二,文獻材料加上實際考察,既能互補又有互動;第三,香港事物配合中外發展,洞悉時代環境的變遷。鄭明仁在《香港文壇回味錄》(天地圖書有限公司,2022)中,稱魯金為「香港掌故之王」。

　　香港中央圖書館香港文學資料室設有「魯金文庫特藏」,從中可見魯金生前收藏的書刊、文獻和剪報材料等,這對於研究一個作家的生平與著作,是十分珍貴和有用的。隨着魯金大量作品的重印及整理結集,他在本地掌故方面所作出的努力與貢獻,相信可以得到更多肯定,亦有助於香港研究的深化和發展。

周佳榮

香港浸會大學歷史系榮休教授

2022 年 12 月

# 目錄

**序言**

　　魯金先生的《九龍城寨史話》1988 年由香港三聯書店出版，是他主編的「古今香港系列」的第一本書。經過修訂再版，書名改為《九龍城寨簡史》，實在是非常有意義的事。

　　1987 年 1 月 14 日，當時的港英政府宣佈分三期清拆九龍城寨。同一天，中國外交部新聞發言人發表了「從整個香港的繁榮與穩定出發，我們對於香港政府準備採取妥善措施，清拆九龍城寨，並在原址上興建公園的決定表示充分的理解」的談話。

　　清拆九龍城寨，是在 1984 年 12 月 19 日中英兩國政府簽訂了香港問題的聯合聲明，完滿地解決了中國政府在 1997 年 7 月 1 日在整個香港地區行使主權，香港開始進入回歸過渡期中的一件重要事件，被香港新聞界列為「1987 年香港十大新聞」之一，所以這部著作出生的背景，就背負着記錄香港九龍城寨歷史命運的使命。

　　縱觀中國傳統文化，對歷史特別重視，有所謂「以史為鑒」。「史」就是過去發生的事，「鑒」就是從中悟出道理。因為「史」是「鑒」的前提，所以要從歷史尋找借鑒，首先就要弄清史實，然後才能從歷史所發生的事中悟出道理，作為我們在現實中考慮問題的參考、借鑒。當然，歷史上發生的事多不勝數，不是所有的事情都可以用來做「鑒」的，我們一般是挑重要的歷史事件作為「以史為鑒」的原型，因為重要的事件往往包含了在具體的歷史時空裏的各種重要因素，具備了理清歷史、經驗總結的前提。如果我們用這種觀點分析九龍城寨興建的過程和它在歷史中的作用，便可以肯定地說，九龍城寨的建成是我們分析十九世紀中葉香港問題的一個重要節點。

　　過去，我們研究香港在鴉片戰爭時期的歷史，往往鑒於對失去領土的悲憤，大都把注意力放在譴責清朝的懦弱與無能，而忽視了對清王朝，特別是部分邊疆守將所作的努力和貢獻。當年九龍城寨的建立過程就是一例。1842 年的《南京條約》，把香港島割讓給英國，這並沒有滿足其殖民野心，他們進一步侵佔九龍半島的行動隨即開始。在這種情況下，當時負責駐守九龍半島的將官其實全都看在眼內。從修築尖沙咀炮台到設九龍城，再到修九龍城寨一系列行動，充分表現了當時清王朝從皇帝到駐守的將官，都有其保衛領土的責任感。清王朝後來在第二次鴉片戰爭中的失敗和把南九龍割讓給英國，主要是軍事力量太弱的苦果，並非有人出賣國土或裏通外國。由於我們過去對歷史觀察的層面有所偏頗，對末代清朝政府懷着批判的心態，以至對這段歷史的描述往往有所忽略，即使是提及，也沒有加以分析。故此可以説，目前在社會上對於香港地區的這一段歷史，還有不少人是了解得不夠全面深入的。

　　1898 年 6 月 9 日，中英《展拓香港界址專條》簽訂，但由於當地居民的反抗，英國人未能在當年接管這些地方，直到 1899 年 3 月 19 日中英雙方劃界，並開始完成了所有土地的接管，但仍留下了一個九龍城寨成為「孤城」。實際上到了 1899 年 4 月 30 日以後，在九龍城寨內，只有少量維持社會治安的中國低級官兵在那裏，再到 5 月 15 日，城寨內的低級官兵也撤離了，可是，這時的這座孤城的歸屬仍然沒有明確定案，英國人也不敢貿然接管該城寨。1900 年 7 月 17 日，李鴻章經過香港，與當時的港督卜力會面，提出保留城寨在條約中的地位。這次中英官員的會面及李鴻章的表態，成

為英方不敢強行進入，並執行管治這座城寨的重要原因。

九龍城寨在民國到抗日戰爭時期的經歷，是非常複雜的歷史過程。《九龍城寨簡史》作者用抽絲剝繭的方法把它的歷史演變過程逐層理清，實在是一件非常不易的事情。能把握關鍵史實和歷史變化的主要方向，是這部作品能夠成功的關鍵原因。

九龍城寨在 1950 年代以後變成「三不管」和「黃、賭、毒」的溫床，我們同意作者把稱它為歷史上的「黑暗時期」。對這段歷史的研究和敘述，可以讓我們對香港社會曾經出現的問題引起足夠的重視和關注。

從整體來說，魯金先生這部《九龍城寨簡史》就是用通俗、流暢但不失嚴謹的史筆寫就的一部著述。從「九龍」的得名、城寨建立的過程、當時所起的作用及其歷史變化，直到 1987 年宣佈拆毀時的狀況，書中均有清晰、明快的敘述與中肯的分析點評。

本作品最大的特色是作者不僅具有良好的史學修養，而且兼有敏銳的新聞觸角。他把九龍城寨清拆前夕的建築、社會狀況，社會各階層的反應和中英政府方面的態度，作了詳實的資料收集和描述，這些文字今天已經成為我們認識九龍城寨歷史結束階段非常重要的資料了。

作為香港和近代中國一個重要的歷史個案，一部近十萬字的作品當然不足以披露和揭示它的全部歷史和詳細論及它的啟示。我們期盼在《九龍城寨簡史》基礎上，有更深入的著作出現，但這部著作，毫無疑問是經過時間充分考驗而可以留下來的好作品。

鄭德華

**前言**

　　九龍城寨原名九龍寨城，亦有人習慣把它稱為「九龍城砦」，這是因為當年九龍城寨曾以石塊築建城池，故此命名時沿用「砦」字而棄用「寨」字。曾經目睹昔日寨城城垣的老一輩香港居民及了解九龍城寨歷史的人，自會明白「砦」字於其中的出處。此外，由於香港政府在劃分地方區域的時候，連毗鄰九龍城寨南面一帶地區亦統稱為「九龍城」，於是為免混淆，把「九龍寨城」喚作「九龍城寨」，便容易使之與「九龍城」區別開來。

　　在整個香港地方史上，九龍城寨的發展無疑佔有其中重要的一頁。本書的主要特點，是透過通俗暢達的文字和徵引史籍文獻的有關記載，從各個時期來敘述九龍城寨的衍變軌跡；而插圖部分及書末附錄，亦明顯地圍繞着這一點互相配合，期望能予讀者一個清晰的認識輪廓。可以説，本書是一部系統地介紹九龍城寨發展史的知識讀物。

　　1987 年初，香港政府正式宣佈將分期清拆九龍城寨，該地區隨即備受社會各界人士關注。從中，只要重溫有關歷史，我們就容易理解九龍城寨為何在香港具有特殊的地位了。同時，中英兩國政府發表了關於香港前途問題的聯合聲明，這意味着香港開始進入歷史的過渡時期。那末，九龍城寨所遺留的老問題，亦大可留待 1997 年 6 月 30 日之後才予解決。但為甚麼就在這個過渡時期剛開始不久，香港政府便宣佈上述決定呢？箇中端倪，如果我們對九龍城寨的發展歷史有更多認識，相信是不難捉摸的。

　　本書出版的時候，清拆九龍城寨的賠償方案已有結果。換言之，不久將來，九龍城寨會成為香港的歷史陳跡，要實地一睹它原

來的風貌將是不可能的事。有見及此,本書在撰寫的時候,是刻意
地把九龍城寨值得記錄的一切,均盡可能貯存於書中,好讓讀者日
後憑此緬懷追憶。

梁濤

1988 年元旦

## 九龍得名原因和諸家傳說

　　談九龍城寨（又稱「九龍寨城」或「九龍城砦」）歷史，不能不首先研究九龍地名的由來，因為九龍城寨以「九龍」為名，而「九龍」一詞，現在已泛指九龍半島整個地區。如果不先行弄清楚「九龍」一地的命名原因，便不知為甚麼要在該處設一城寨。

　　關於「九龍」地名的起源，有諸家的傳說。例如堪輿家指出九龍是九條龍脈薈萃之地。堪輿家以山脈作為龍脈，把九龍北部所有的山脈都稱為龍脈，是以說因九條龍脈會於半島，而稱作「九龍」。這一說以黃大仙〈九龍壁碑記〉為代表。該碑記寫道：

　　　蓋九龍山脈，自獅嶺奔騰而下，婉婉如龍者九，與
　　壁中九龍夭矯不群無以異也。

　　另外又有仲振履的說法。仲振履是清朝嘉慶時代的人，他在《虎門覽勝》中說：

　　　九龍山，在新安東一百二十里，有炮台建於山澳，
　　昔莞之南沙山。有漁戶兄弟九人，善泅水。一夕風月清
　　朗，九人戲於海，皆化為龍，棲其神於是山，故名。

以上兩種傳說：前者是風水先生附會之談。我們試打開一

張九龍地圖，也無法找到九座大山，說九龍由九條龍脈聚集而得名，似乏證據。至於後者的傳說，是抄襲《後漢書·南蠻西南夷列傳》有關雲南省九龍山的傳說，再稍加變化而成的。有關雲南九龍山的傳說，《後漢書》的記載原文如下：

> 哀牢夷者，其先有婦人名沙壹，居于牢山。嘗捕魚水中，觸沈木若有感，因懷姙，十月，產子男十人。後沈木化為龍，出水上。沙壹忽聞龍語曰：「若為我生子，今悉何在？」九子見龍驚走，獨小子不能去，背龍而坐，龍因舐之。其母鳥語，謂背為九，謂坐為隆，因名子曰九隆。

參照這一記載，便知仲振履所記的傳說，是來自雲南九龍山。雲南九龍山又名九隆山，都是說九兄弟和龍的關係。

此外，學者亦有別說。據簡又文先生在〈宋末二王南遷輦路考〉中提及九龍地名時，曾向當時任新界民政署署長的彭德（K. M. A. Bavnett）先生請教。彭德先生引《蠻書》說：「九即後，龍即坐，此皆原日蠻人土著之語。」他的意思是說，九龍的意思是坐南向北，說九龍的地理位置在極南，背向北。不知這種說法，是否也從《後漢書·南蠻西南夷列傳》關於雲南九龍山的傳說得來的？但上述引文，正是有「謂背為九，謂坐為隆」之句，可見這一說法亦不能成立。

筆者認為，要考據九龍地名的起源，首先應研究九龍一名最早見於史書記載是在甚麼年代。這是最實際的研究方法。查九龍

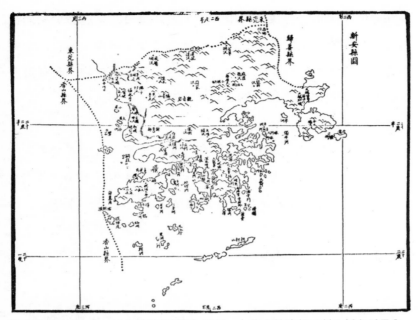

據《廣東圖說》卷一三的《新安縣圖》所示，九龍寨於清朝已劃入新安縣界內。

康熙二十七年（1688）靳文謨編的《新安縣志》指明大帽山之外已有九龍村的村名

一名，在新安縣最初設縣治的時候已有記載。新安縣設縣於明朝萬曆元年（1573），當時為了防倭寇的侵襲，在本地區設戰船和汛地防守。可惜明朝所編的《新安縣志》現時已無法找到，但康熙二十七年（1688）靳文謨所編的《新安縣志》（以下簡稱《靳志》），引明朝舊志所載有關明代設戰船防守時，已提到九龍一地極為重要。該縣志卷八〈兵刑志〉「寨船」條這樣說：

> 明（朝）本寨舊有戰船大小五十三艘，汛地六處，各派戰船八隻分總領之。中哨船五艘，欽總統之。自萬曆十九年改設參將，陸續增至一百一十二隻，派守佛堂門外，淘澪、鵝公澳、九龍、屯門、急水門、東西涌、鵝公頭、赤灣、老萬山、浪白等處汛海。

可見在明朝萬曆年間，九龍的地理形勢已為當時防衛本地區的文武官員所認識。九龍一地亦在明朝萬曆年間（1573-1620）就已聞名。

那末到底九龍是因何而得名的呢？考九龍原為一條鄉村的名字，名叫「九龍村」。九龍村的位置，正是在九龍城寨前面。康熙二十七年（1688）編的《靳志》卷三〈地理志〉「都里」條有九龍村名，依原書的先後排列如下：沙田村、官富村、衙前村、九龍村、莆岡村、古瑾村、邏尾村、新村圍、犬眠村、萌機蓬、黃坭涌、香港村……

九龍村的排列次序在衙前村之後，衙前村又在官富村之後，同時也有香港村。香港的得名是因為香港島有村名香港，九龍則

是因為有村名九龍而得名，這是顯而易見的。

　　至於九龍村為甚麼叫做九龍村呢？那就要詢問開村的人才知道，因為開村者有權命名自己的鄉村。可是，九龍村在順治十八年至康熙三年（1661-1664）實施遷海政策時，因清兵強迫沿海鄉村村民全部遷入內地，開村的村民已經流徙到別處去，九龍村只留下一條鄉村的名字供人憑弔而已，是以無法向村民查問命名的原因。

　　如果用假設的方法，硬要找出命名九龍村的原因，亦可以用一般鄉村命名的習慣來討論。例如假設開村時，九龍村是由九戶人家共同開村的，而這九戶人家都是姓龍的，都是可能的原因。此外，開村時只得一戶人家，而這戶人家生了九個兒子，戶主有望子成龍之心，希望九個兒子他日都如龍般飛黃騰達，這都是可以作為九龍村的命名原因的。但假設畢竟是假設。須知，開村者即拓荒者，他們墾拓田地，建屋居住，命名自己開墾的土地，有時亦不必有理由，總之名之為九龍村就是，不必予以深究。但九龍一地，是由九龍村而得名，則是事實，而且有歷史文獻可稽。

# 康熙設台派兵駐守九龍村

順治十八年至康熙三年（1661-1664），九龍村沿海村民被強迫遷入內地時，該村已成一條無人的鄉村，但因為它的地理形勢很重要，已被用作駐兵防守的地方。有一本書名叫《粵閩巡視紀略》，是康熙皇帝在取消遷海政策，台灣亦告平靖後，於康熙二十三年（1684），命工部尚書杜臻和內閣大學士石柱一齊到廣東和福建巡視遷界和復界情形時所寫的紀略。書中記載了他們當年來到九龍和香港巡視的情景。書中不僅有九龍地名，也有香港地名，而且指出兩地區一百二十多條鄉村都被迫遷徙。該書卷二載云：

（康熙）元年畫界，自三角山歷馬鞍山等境……大浪、馬鞍山、蠔涌、天妃廟、舊官富司、衙前、九龍、古瑾、淺灣……暨佛堂門、大奚山、鵝公澳、榕樹澳、白沙澳、雞栖澳、南頭、香港、塘福、梅窩、石壁螺、杯澳、大澳、沙螺灣諸海島皆移，並續遷共谿田地一千三百五十九頃有奇。於大鵬所置重兵，又因界設守。（按：據孔氏嶽雪樓影印鈔本，下同。）

可見九龍村和鄰近的衙前村、舊官富司村都全部被迫遷徙。村民遷出之後，清廷又「因界設守」，即在重要的地點駐紮守兵。當時九龍村駐兵七十三名，由把總領導。《粵閩巡視紀略》亦有在

杜臻在《粵閩巡視紀略》裏提及康熙元年（1662）劃界時，列出九龍的地名。

九龍村設兵防守的記載：

> 今從新安營撥守碧頭諸汛。碧頭台千總一，兵四十五名；佛子凹把總一，兵五十九名；南山台千總一，兵六十名；九龍台把總一，兵七十三名。

試比較上面的四個台，就知道九龍台駐兵是最多的，比南山台六十名駐兵還多十三名。

杜臻和石柱是當時的中央大員，他們也認識到九龍村的地形極為重要，是以一絲不苟地將當年防守九龍台的詳情記錄下來。但他們並沒有說明九龍台的台究竟是甚麼台？是炮台嗎？

我們可以援同一時期所編的《靳志》互為印證，便知道九龍

台的台並不是炮台：

> 康熙七年奉特大人暨提督親臨踏勘展界，新安沿邊
> 奉設墩台二十一座：

| | |
|---|---|
| 碧頭墩台一座 | 茅洲墩台一座 |
| 咀頭角墩台一座 | 鰲灣角墩台一座 |
| 南山墩台一座 | 聖山墩台一座 |
| 屯門墩台一座 | 大軍營墩台一座 |
| 九龍墩台一座 | 佛堂門墩台一座 |
| 大埔頭墩台一座 | 黃竹角墩台一座 |
| 蔴雀嶺墩台一座 | 鹽田墩台一座 |
| 鴉梅山墩台一座 | 東坑墩台一座 |
| 西山墩台一座 | 深圳墩台一座 |
| 五通嶺墩台一座 | 大梅沙墩台一座 |
| 小梅沙墩台一座 | |

可見杜臻書中提到的九龍台，是墩台而不是炮台。墩台又名烽火台，是用烽煙作為發現敵人蹤跡的訊號的一種軍事設備。但是，如果只是作為訊號台，實在不必駐兵七十三名那麼多的，可見當時的九龍墩台，除負責偵察敵蹤以烽火示警之外，仍有防守海岸的責任。

又據《靳志》所載，後來新安縣裁減兵員，將二十座墩台中不甚重要的改作瞭望台，從而減少大量駐軍，但九龍台則並不在淘汰之列。當時裁了十三台，留下八台：

碧頭墩台一座　　　　安兵三十名

芽洲墩台一座　　　　安兵三十名

咀頭角墩台一座　　　安兵三十名

鰲灣角墩台一座　　　安兵三十名

屯門墩台一座　　　　設千總一員，安兵五十名

九龍墩台一座　　　　安兵三十名

大埔頭墩台一座　　　安兵三十名

蔴雀嶺墩台一座　　　設把總一員，安兵五十名

　　這些史料，已足夠說明九龍城寨在未建城寨前的狀況。這裏可作一總結，就是在新安縣初設縣治的明朝萬曆元年（1573），九龍村已經存在，而且被認為地位極為重要，經常派兵船巡防。到清初，強迫沿海居民遷出時，九龍村的村民被迫離開家園，該處便設有墩台在山上，並派把總一員、兵丁七十三名防守。其後即便裁軍，但九龍墩台並未裁撤，仍有三十名兵丁防守。從這個發展過程可知，九龍原本只是一條鄉村的村名，設了九龍墩台之後，因墩台瞭望整個附近區域，於是九龍便成為這一帶地區的總稱。

# 九龍寨炮台與海盜張保仔

九龍城寨的位置，位於九龍灣的中心地帶。凡從鯉魚門進入九龍灣海域的船隻，都可在山上的墊台處望見，而且船隻如果要向西航行，亦必定經過城寨前面。倘若在該處建一座炮台，就可以防止海盜經過這一帶海域而洗劫附近的鄉村了。但是清政府遲遲不建，及至海盜張保仔利用本港海域作根據地之後，才提出在該處建九龍炮台。

關於在九龍城寨在原地建炮台的記載，見於道光元年（1821）阮元編的《廣東通志》卷一二五〈建置略一〉：

> 九龍寨炮台，嘉慶十五年提督臣錢夢虎議將縣屬佛堂門炮台移建於九龍寨，總督臣百齡行令新安縣勸捐建築。

嘉慶十五年（1810）時海盜張保仔已經投降，新安縣屬各地區的海盜均已平靖。這個時候才在九龍城寨的原址設炮台，那只是亡羊補牢之計而已。上面引文中的總督百齡，就是主持海盜張保仔受降的兩廣總督。

嚴格說來，九龍城寨未建城先建炮台，是和海盜張保仔有關的。本港的長洲有張保仔洞，南丫島有張保仔道，這些都足以說明張保仔當年是利用九龍村一帶防守薄弱而在附近活動，他以這一帶的海域和海島作為根據地，來洗劫鄉村。九龍村一帶，只有

三十名官兵防守，山上只設一座墩台，這樣薄弱的防守力量，自然易被船多賊眾的張保仔所攻破，他攻陷了這一帶之後，曾在新安縣境內到處劫掠。這裏引一則關於張保仔當年在香港海域內活動的史料，讓讀者知道九龍寨沒有炮台而造成官兵重大損失的事實。史料載於史澄編的《廣州府志》卷八一〈前事略七〉「嘉慶十三年」條：

> 七月虎門鎮林國良率師出海剿捕，張保謀知官軍至，預伏戰艦於別港，先以數舟迎之，佯敗。國良覘其舟少，以二十五艘追之，及孖洲洋，賊舟遽合，繞國良舟三匝，自辰至未，國良不能出，致死奮戰。保立陣前，國良發巨礮擊保，其彈子及保身而瀉，眾驚以為神。未幾賊逼國良舟，保先鋒梁皮保先飛過船，眾蜂擁而過，國良率軍士苦戰竟日，殺賊無算。日將晡，賊發礮擊碎我舟，軍士落水，死者不計其數，被賊搶去十五舟，保欲降國良，國良切齒狂罵，賊以刃刺之，遂死，時年七十。

這則記載，是說張保仔和部下頭目梁皮保在孖洲處將鎮守虎門的將軍林國良殺死。孖洲在香港海域，是現時香港地圖上索罟群島中的一個海島，仍用孖洲之名。可見九龍當時沒有駐重兵，張保仔才能如此猖獗。

百齡是在嘉慶十四年（1809）任兩廣總督的，不少研究香港前代史的學人，都把百齡任兩廣總督的主要任務視為平定海盜。其

實百齡的任務主要是應付英國海軍少將度路利（W. O. Drury）率領英軍佔據澳門的幾座炮台，他是在原兩廣總督吳熊光因錯誤處理「度路利事件」被革職後來接任的。在辦妥「度路利事件」之後，才能顧及張保仔等海盜，當時他已發覺本地區防守力量薄弱，於是採取多種辦法補救。有一本《廣東海防彙覽》詳細說明了百齡的做法：

> 張保輩賊船數百艘，皆恃內地奸民為接濟。嘉慶十四年，總督百齡至粵，改鹽船為陸運，驟封海港，商舶不通。賊眾撲岸覓食，香山、東莞、新會諸縣，濱海村落，多遭焚劫；而番禺、順德尤甚。
>
> 是時武備廢弛。當事者止知斷接濟以清盜源，於沿海隘口未及防範。其後焦勞策劃，勦撫兼施，掃淨海氛，著功甚速。然當區畫之始，論者不能無憾。於此見籌海之非易言也。

百齡就是用「勦撫兼施」的方法來對付張保仔等海盜的。他一方面將鹽運改由陸路，另一方面嚴禁用糧食接濟海盜，同時又派人向海盜招降，答允投降後賊眾可回鄉耕田，頭目可給予把總、千總、副將等官職。就這樣，才令到張保仔和郭婆帶等海盜受降。

張保仔投降之後，百齡着手整頓防務，首先在九龍村設寨建炮台，這就是九龍寨建炮台的原因。當時在九龍寨設炮台，是由前任水師提督錢夢虎建議的。錢夢虎是浙江寧波人，他自乾隆五十七年（1792）即在廣東沿海任職，先任平海營參將（按：平

海在今惠東縣，明朝設平海守衛所，離香港不遠，現仍有守衛所的城門可供遊覽），乾隆五十九年（1794）升陽江協副將，嘉慶十年（1805）任廣東水師提督。他在水師提督任內建議將佛堂門炮台移至九龍寨。他所提出的理由是：佛堂門原日的炮台，因年久失修，與其修築這座炮台，不如在九龍寨築一座炮台，因為佛堂門的炮台，孤懸海上，無陸路可通，島上又沒有村莊，不能和民眾共同防守。同時這座炮台由大鵬營管轄，佛堂門離大鵬營二百餘里，控制不能得力，將炮台移到九龍寨去，兵與民合作，對於聯絡和訊息的相通都較易，守禦亦將較為得力。當時百齡亦認為可行，但對於建炮台的費用，則用勸捐方法，即由各地守軍的軍官、地方官員和鄉紳捐款建築。

九龍寨築成炮台之後，仍由大鵬營管轄。當時已視九龍炮台為香港附近海域的軍事中心。除了在炮台上駐兵外，並在附近設汛房防守，設九龍海口汛。這九龍海口汛設於現時的官塘。官塘的得名是因為它是九龍官兵駐紮的塘汛所在地（參閱《廣東通志》的海防圖）。又設紅香爐塘汛，紅香爐即今日的香港島。同時修建大嶼山炮台。這些設施，阮元《廣東通志》卷一七五〈政經略十八〉詳述如下：

> 九龍炮台在本營（按：指大鵬營）西，水程二百九十里。把總一員，外委一員；分防兵三十八名，撥防兵十名。
>
> 九龍海口汛兵十名（下至紅香爐水汛水程二十里）。
>
> 紅香爐汛在本營西，水程二百九十里；下至大嶼山炮台，水程一百十里。千總一員，外委一員（該汛兵丁撥

配米艇巡洋）。

　　大嶼山炮台在本營西，水程四百里。千總一員，分防兵四十八名，撥防兵三十名。

　　大嶼山汛兵十名（上至東涌口，水程四十里；下至炮台，水程十里）。

　　東涌口汛，外委一員，兵二十名（距本營水程三百六十里，上至水師提標左營琵琶洲洋面，水程二十里）。

　　大米艇二隻，中米艇三隻，每隻配兵四十六名，共二百三十名，巡緝本營轄屬洋面。

　　撈繒船二隻，每隻配兵二十七名，共五十四名，巡緝本營洋面。


　　看了上面的記載，就知道自九龍寨炮台建成後，附近地區的防守力量已增強了，九龍寨的地位亦更形重要了。

　　由於九龍寨炮台的建成，以及附近加強了守兵，到了鴉片戰爭時候，這些改革，便發揮了無比的力量，令到英國海軍，無法在附近地區佔到絲毫便宜。其中九龍寨炮台就發揮了作用。

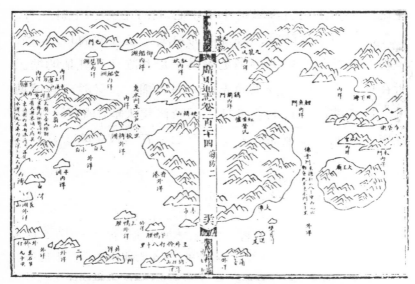

清阮元《廣東通志》卷一二四的海防圖所繪佛堂門九龍汛與九龍炮台的位置

1891 年，九龍城寨大鵬協副將處斬海盜的情景。

# 百年前九龍寨的戰略地位

九龍寨炮台初建於嘉慶十五年（1810），而鴉片戰爭發端於道光十九年（1839）。換句話說，九龍寨炮台建成後二十九年，鴉片戰爭就爆發了。當林則徐下令英商繳烟時，義律和他的英國艦隻以及鴉片烟船，都集中到了尖沙咀海面上，九龍寨炮台的軍事地位便顯得更形重要了。故此，林則徐首先和水師提督關天培商量，把駐守在大鵬灣的大鵬所城內的參將，調到九龍寨來駐守，並把大鵬營內的軍隊和水師船，都調來九龍寨，守衛附近一帶海域，以防英國海軍偷襲。這是將大鵬營移駐於九龍寨之始。

當時大鵬營參將是賴恩爵。賴恩爵是新安縣大鵬城人，他的一家都在水師服務。父親賴鷹揚，在張保仔投降後，駕水師船到海南島消滅烏石二這股海盜，兩廣總督百齡獎他一面頭等銀牌。賴恩爵年輕時即隨父親學習海戰。他的叔父賴信揚也是水師將領，歷任福建水師提督。

林則徐把賴恩爵調來九龍寨，駐守九龍寨炮台，可說是慧眼識英雄。賴恩爵移駐九龍寨之後不久即和義律開戰。

這場戰役發生於道光十九年七月二十七日（1839 年 9 月 4 日）。當時義律突率五艘英艦駛到九龍灣，向九龍寨和九龍炮台偷襲發動進攻。這一仗，賴恩爵將九龍寨和九龍炮台的戰略地位全面發揮出來，打得十分出色，把義律所率的五艘英艦，打個落花流水。戰鬥的詳情，林則徐事後曾向道光皇帝奏報，奏稿見《籌

辦夷務始末》卷八：

　　詎七月二十九日（按：西曆 9 月 6 日），接據大鵬營參將賴恩爵稟稱：該將帶領師船三隻在九龍山口岸查禁接濟，防護礮台，該處距尖沙嘴約二十餘里。七月二十七日（按：西曆 9 月 4 日）午刻，義律忽帶大小夷船五隻赴彼，先遣一隻，攏上師船遞稟，求為買食。該將正遣弁兵傳諭開導間，夷人出其不意，將五船礮火，一齊點放。有記名外委之兵丁歐仕乾彎身料理軍械，猝不及防，被礮子打穿脅下殞命。該將賴恩爵見其來勢兇猛，亟揮令各船及礮台弁兵，施放大礮對敵，擊翻雙桅夷船一隻，在旋渦中滾轉，夷人紛紛落水，各船始退。少頃，該夷來船更倍於前，復有大船攔截鯉魚門，礮彈烽集，我兵用網紗等物設法閃避，一面奮力對擊。瞭見該夷兵船駛來幫助，該將弁等忿激之下，奮不顧身，連放大礮轟斃夷人多名，一時看不清楚，但見夷人急放三板下海撈救。時有兵丁陳瑞龍一名，手舉鳥槍，斃一夷人，被回礮打傷陣亡。迨至戌刻，夷船始遁回尖沙嘴。計是日接仗五時之久，我兵傷斃者二名，其受傷重者二名，輕者四名，皆可醫治。師船間有滲漏，桅篷亦有損傷，均即趕修完整。嗣據新安縣知縣梁星源等稟報：查夷人撈起屍首，就近掩埋者已有十七具。又漁舟疊見夷屍隨潮漂淌，撈獲夷帽數頂，並查知假扮兵船之船主嗻呶喇吐手腕被礮打斷。此外夷人受傷者尤不勝計。自此次對

仗以後，巡洋舟師均恨奸夷先來尋釁，巡緝愈嚴。

這是九龍寨未建城池前首次發揮戰略地位。當時經過兩度鏖戰，歷時五個時辰（即十個小時，照奏稿説自午時開始作戰，至戌時而止），終於將義律擊退。

由於九龍寨至尖沙咀相距約二十華里，而尖沙咀海面又是英國兵船和鴉片烟船結集的地方，賴恩爵將尖沙咀和官涌一帶的地理形勢圖呈給林則徐，建議在尖沙咀建一座炮台，在官涌建一座炮台。林則徐立即批准。但在未建炮台前，先在尖沙咀山上和官涌山上紮下營盤，並將大炮移駐兩地，派數百兵丁駐守。同時派候補知府南雄直隸州知州余保純和候補縣丞張起鵾到九龍來相度山形。關於這次軍事部署，亦見於《籌辦夷務始末》卷八：

　　節據派防各文武稟稱，尖沙嘴迤北，有山梁一座，名曰官涌，恰當夷船脊背之上，俯攻最為得力。當即飭令固疊深溝，相機剿辦。夷船見山上動作，不能安居，乃糾眾屢放三板，持械上坡窺探；即經駐紮該處之增城營參將陳連陞，護理水師提標後營游擊之守備伍通標等派兵截拏，打傷夷人二名，奪槍一桿，餘眾滾巖逃走，遺落夷帽數頂。

　　九月二十九日（按：西曆 11 月 4 日），夷船排列海面，齊向官涌營盤開礮，仰攻數次，我軍紮營得勢，礮子不能橫穿，僅從高處墜下，計拾獲大礮子十餘箇，重七八斤至十二斤不等。官兵放礮回擊，即聞夷船齊聲喊

叫，究竟轟斃幾人，因黑夜未能查數。

十月初三日（按：西曆 11 月 8 日），該夷大船在正面開礮，而小船抄赴旁面，乘潮撲岸，有百餘人搶上山岡，齊放鳥槍，僅傷兩兵手足，被增城右營把總劉明輝等率兵迎截，砍傷打傷數十名，刃棍上均沾血跡，夷人披靡而散，帽履刀鞘，遺落無數。次日望見沙灘地上，掩埋夷屍多具。初四日，夷船又至官涌稍東之胡椒角（按：疑即今日荔枝角）開礮探試，經駐守之陸路提標後營游擊德連將大礮台礮，一齊回擊，受傷而走。

臣等節據稟報，知該處疊被滋擾，勢難歇手，當又添調官兵二百名，派原任游擊馬宸，暨署守備周國英，把總黃者華帶往會剿。復思該處既占地利，必須添安大礮數位，方可致遠攻堅。復與提臣撥得力大礮六門，解往以資轟擊。並派熟悉情形之候補知府南雄直隸州知州余保純，帶同候補縣丞張起鵬馳往會同新安縣知縣梁星源相度山梁形勢，妥為佈置。復札駐守九龍之參將賴恩爵，都司洪名香，駐守宋王台之參將張斌，就近督帶兵械，移至官涌，併力夾擊。

茲據會稟，十月初六日（按：西曆 11 月 11 日），該文武等均在官涌營盤，會同商定，諸將領各認山梁，安設礮位，分為五路進攻。陳連陞、伍通標、張斌各為一路，賴恩爵及馬宸、周國英、黃者華為一路，德連、洪名香為一路，該縣梁星源管帶鄉勇，前後策應。晡時，夷人在該船桅上窺見營盤安礮，即各趕裝礮彈，至

起更時，連放數礮打來。我軍五路大礮，重疊發擊，遙聞撞破船艙之聲，不絕於耳。該夷初猶開礮抵拒，迨一兩時後，只聽咿啞叫喊，竟無回擊之暇，各船燈火一齊滅熄，棄碇潛逃。初七日天明瞭望，約已逃去其半。有雙桅三板一隻，在洋面半沉半浮，餘船十餘隻，退遠停泊，所有篷扇桅檣繩索槓具，大都狼籍不堪。

該文武等因夷船尚未全去，正在查探間，即據引水等報稱，查有原扮兵船在九龍被礮打斷手腕之嗯啝喇吐，及訪明林維喜命案係伊水手逞兇之哆唎兩船，尚欲潛圖報復。該將領等因相密約，故作虛寂之狀，待其前來窺伺，正可痛剿。果於初八日（按：西曆11月13日）晡時，哆唎併嗯啝喇吐兩船潛移向內，漸近官涌，後船十餘隻相隨行駛。我軍一經瞭見，仍分起趕赴五路山梁，約計礮力可到，即齊放大礮，注定頭船攻擊。恰有兩礮連打哆唎船艙，擊倒數人，且多落海漂去者，其在旁探水之夷划一隻亦被擊翻；後船驚見，即先折退。而哆唎一船，尤極倉皇遁去。

計官涌一處，旬日之內，大小接仗六次，俱係全勝。惟初八日晚間有大鵬營一千斤大礮，放至第四出，鐵熱火猛，偶一炸裂，致斃順德協兵丁二名。除與穿鼻洋面陣亡兵丁，及受傷兵如有續故者，一體咨部請恤外，現據新安縣營稟，據引水探報，吐嚟嘩喻兵船，義律三板，暨唉夷未進口大小各船，自尖沙嘴逃出後，各於龍鼓、笪洲、赤瀝角、長沙灣等處外洋，四散寄泊。

　　這篇奏稿有幾點應予說明，讀者才易明白。第一點是林維喜命案一事。這是鴉片戰爭初期於香港地區發生的一樁命案。林維喜是尖沙咀村鄉民。在義律結集英艦和鴉片烟船於尖沙咀海面時，英兵和水手經常登陸尖沙咀村，向鄉人兜售鴉片烟，並以高價購買新鮮食物如蔬菜、雞、鴨、豬、牛等。道光十九年五月二十七日（1839 年 7 月 7 日）英兵遇到鄉民林維喜，林不肯交易，被英兵和水手圍毆致死。事後林則徐通知義律，要求交出兇手。義律辯稱是水手醉酒誤殺，已將他們扣留審問，但卻不肯交出兇手。

　　奏稿中又提到穿鼻洋戰死的兵丁。穿鼻洋是珠江口虎門外洋面的俗稱，因為虎門的地形似一隻老虎的虎鼻，虎門前衛有三個小島，最大的一個叫龍穴島，次為校杯洲和舢船洲。經過這三個島便進入虎門，三座島形成兩個鼻孔的模樣，因此這一帶洋面稱穿鼻洋。義律在第一次攻九龍寨和九龍寨炮台之後，又於九月二十八日（11 月 3 日）騷擾穿鼻洋，被虎門的水師提督關天培擊退。一些史家稱這次穿鼻洋戰役是鴉片戰爭的開始，其實，真正的開始，應是七月二十七日（9 月 4 日）進攻九龍寨和九龍寨炮台的戰役。

　　奏稿中提到的「五路山梁」究竟屬於今日九龍尖沙咀至官涌的甚麼地方呢？筆者曾作地勢考察，確認尖沙咀至官涌有五座山頭為當年抵抗英軍進攻的山梁。第一座山梁是現時尖沙咀警署即廣東道口的那座山，這座山後來建了尖沙咀炮台（詳情將在下文談到）；第二座山梁是俗稱「大包米」的黑頭山，即今日的訊號山公園所在的山頭；第三座山梁是九龍公園公廁對面的山頭；第四

座山梁是天文台山的山頭；第五座山梁是柯士甸道的山頭，這是官涌山，其後也設炮台，名官涌炮台。這「五路山梁」現時仍依稀可辨。

奏稿中說到「計官涌一處，旬日之內，大小接仗六次，俱係全勝」。指揮這六次作戰的，是駐守九龍寨的參將賴恩爵。怎樣見得這六次戰役是由賴恩爵指揮的呢？因為林則徐奏報之後，道光皇帝論功行賞，賞賴恩爵呼爾察圖巴圖魯勇號，並且把他的官職升為副將。可見這是賴恩爵所指揮的戰役。

關於賴恩爵以九龍寨守將升級為副將，賞花翎頂戴，賜呼爾察圖巴圖魯勇號，林則徐事後亦有奏摺代為感謝，奏稿見《林文忠公政書》：

> 臣等跪誦之下，仰見我皇上先幾洞燭，訓示嚴明，數萬里外夷情，毫髮難逃聖鑒，臣等服膺銘佩，遵守彌虔。
>
> 其特蒙恩賞呼爾察圖巴圖魯名號，並照例賞戴花翎，以副將即陞，先換頂帶之參將賴恩爵等，感激天恩，益圖報效，凡在將弁士卒，亦皆感奮倍常。

這一次戰役與後來九龍寨建築城池後的官制極有關係。我們知道九龍城寨建成之後，由大鵬協副將鎮守這座城池。這一體制，就是由這次戰役而起的。上一章說到九龍寨建炮台時，只由一名把總的武官把守。到鴉片戰爭時期，林則徐將大鵬營的參將移駐九龍寨，駐九龍寨的參將賴恩爵因六次戰役有功，升為

副將。按照清朝武官制度，參將為營的主管官員，協為副將主管官員，賴恩爵既升為副將，按照慣例，如果不將駐守地升格為協的話，賴恩爵就要調到其他地區去了。林則徐正需要他駐守九龍寨，因此就把九龍寨升格為協而稱為大鵬協。

有若干研究九龍城寨歷史的學人，說九龍城寨的主管官員大鵬協副將，是受大鵬城的將軍所管轄的。這種錯誤的觀點，是由於從名銜上去研究，以為既名大鵬協副將，當然是屬大鵬城的副手，並認為大鵬城應有一「正手」，那是他們沒有檢查所有歷史文獻，不知道大鵬營已經在道光十九年七月（1839 年 8 月）移駐九龍寨，即九龍寨是大鵬營參將辦公的地點。原日的大鵬灣上的大鵬城，已降格為一水寨，派較低級的官員管轄，及到駐守九龍寨的參將賴恩爵升為副將，是以將大鵬營升格為大鵬協，於是賴恩爵便繼續駐守九龍寨。換句話說，九龍寨由大鵬營參將駐守地，升格為大鵬協副將駐守地。大鵬協副將的上司，是廣東水師提督。在當時，這上司就是關天培。

可見研究九龍城寨的歷史，不能不從它的源流和沿革研究起，單憑一些西人的著作，以及只憑《新安縣志》和《廣州府志》，是無法把這座城池的歷史考證出來的。

賴恩爵升為大鵬協副將後，仍以九龍寨為辦公地點，他再次要求在尖沙咀和官涌山建炮台，林則徐接納他的建議，並向道光皇帝奏請建造，他的奏章亦見於《籌辦夷務始末》卷八：

　　林則徐等又奏：查廣東水師大鵬營所轄洋面，延
袤四百餘里，為夷船經由寄泊之區。其尖沙嘴一帶，東

北負山，西則有急水門、雞踏門；東則有鯉魚門、佛堂門，而大嶼巨島，又即在其西南。四面環山、藏風聚氣、波恬浪靜、水勢寬深。嘆夷船隻，又欲依為巢穴；而就粵省海道而論，則凡東赴惠潮，北往閩浙之船，均不能不由該處經過。萬一中途梗沮，則為患匪輕。上年因嘆咭唎桀驁不馴，抗違禁令，經臣等與前督臣鄧廷楨，調集官兵，在尖沙嘴迆北之官涌等處山梁，紮營安礮，分為五路，痛加勦擊。該夷兵船二隻，貨船數十隻，始皆連夜遁去。但恐兵撤之後，仍復聯檣聚泊，勢若負嵎，必須扼要設防，方足以資控制。隨飭候補知府余保純，署大鵬營參將賴恩爵，新安縣知縣梁星源，會同周歷履勘。旋據該員等稟稱：尖沙嘴山麓，有石腳一段，其形方長，直對夷船向來聚泊之所。又官涌偏南一山，前有石排一段，天生磐固，正對夷船南洋來路。若兩處各建礮台一座，聲勢既相聯絡，而控制亦極得宜等語。當經飭令將兩台高寬丈尺，及開築地平，並建造牆垛礮洞、弁署兵房、神廟望樓、藥局馬路，一切工料價值，覈實確估。據該員等呈送圖說清摺，臣等逐一覈算，並委員詳細勘實。計尖沙嘴礮台，估需工料銀一萬七千九百五十一兩；官涌礮台，估需工料銀一萬四千四十六兩零。竊思此項工程，係屬防夷要務，斷不可緩。第國家經費有常，仍不敢請動帑項。臣等公同籌畫，查有前山營生息銀一項，係由洋商捐銀，發交當商生息。前於嘉慶十四年，奏明作為添設前山營兵餉之

用，按年核實支銷，已屆三十年之久，因而存有贏餘。截至道光十九年五月底，報部冊開實存銀五萬三千八百餘兩。前項礮台工料之資，合無仰懇聖恩。准於前山營生息銀內動支，並免造冊報銷。至此項工程，先已購料興工，趕緊建築，務於夏令南風盛發以前，一律全完，以資協制。計兩台應安大礮五十餘門，亦已於腹地各營，酌其緩急情形，先行運撥濟用。一面籌資購補，期於普律森嚴，以仰副聖主綏靖海疆之至意。

築尖沙咀炮台的費用達一萬七千九百五十一兩銀，築官涌炮台費用達一萬四千零四十六兩銀，合共三萬一千九百九十七兩銀，這一筆建築費由前山營基金項下撥出，而不必動用國家的庫存。

查林則徐奉道光皇帝之命來廣東禁烟之初，道光皇帝曾面囑他這次到廣東禁烟，以不動用國家公款為第一原則。所以林則徐來廣東禁烟，一切費用，都是由廣東地方負擔。道光皇帝對於申請各項建設及武備費用，只要不動用國庫，都一律批准。林則徐在計劃建官涌炮台和尖沙咀炮台時，也考慮到這一點。他發現澳門關閘外的前山寨，曾由廣州十三行商人捐款設立一項基金，將基金放款給當舖生息，用利息供前山寨的駐兵薪餉之用。這筆基金由嘉慶十四年（1809）到道光十九年（1839）共三十年，已增長到五萬三千八百多兩，可以撥出三萬一千九百九十七兩，作為建築這兩座炮台的經費，道光皇帝得悉不用國庫負擔建築費，自然答應了。

尖沙咀和官涌兩座炮台建成後，仍由九龍寨的主管官大鵬協副將賴恩爵所統轄，在當時來說，這一帶可說是守禦嚴密。鴉片戰爭期間，九龍一帶可稱安謐。

## 九龍寨築城池的內外因由

鴉片戰爭之後，英人佔據了香港島，當時駐守九龍寨的大鵬協副將賴恩爵，先升為南澳總兵，繼升為廣東水師提督。派來九龍寨駐守的官員是一位新任的大鵬協副將，他是王鵬年。新安縣知縣梁星源調南海知縣，新安知縣換上湯聘三。

這是道光二十三年（1843）的事情。同年，兩廣總督耆英到香港與港督砵甸乍（Henry Pottinger）商議通商章程時，發現有兩件事情必須設法解決。第一件是當時有很多中國帆船運物資到香港來，在香港運洋貨入內地，這種行為是屬於走私行徑，必須設法制止。第二件是附近海面海盜猖獗，行劫往來船隻，也是必須要處理的。他在香港簽了通商章程之後，回到廣州，即和文武官員商討對策。結果，大家認為應該派一位巡察官員，在九龍一帶檢查所有進出香港的帆船，以防止帆船走私，而這一位官員的駐紮地，應駐於九龍寨。

這種查緝走私的方法，在鴉片戰爭前，澳門已實行過。在乾隆年間，清政府在前山寨內設一名軍民海防同知的官，負責查緝帆船偷運私貨進出澳門，歷來卓見成效。因此，他決定仿照這個方法，但又不希望增設一位九龍寨的海防同知。因此，他用變通的方法，將原已有的同類性質的官職，移駐九龍寨。這個同類的官職，是屬於縣級的巡檢司。

新安縣原有兩位巡檢司，一名福永巡檢司；一名官富巡檢

司。福永巡檢司衙門，設於新安縣的福永區，它的職責，是巡邏
檢查珠江口一帶穿鼻洋的洋面。這個巡檢司不能調動。官富巡檢
司的衙門本來是設在九龍附近的，自康熙元年（1662）遷海之後，
這個官富巡檢司卻移到赤尾村去。赤尾村在南頭城附近，離九龍
很遠，變成了一個有名無實的巡檢司。因此他建議，將官富巡檢
司裁撤，改為九龍巡檢司，移駐於九龍寨。

　　本書在第一章論及九龍得名原因時，曾引出九龍村附近的鄉
村名字，其中有官富村，有衙前村。官富村是當時這個地區的名
稱，因為從宋朝開始，九龍灣一帶的水質鹹度極高，可作鹽場之
用。這個鹽場，稱為官富場，到了清初，官富場的鹽田由於海水
的鹹度下降，產鹽不多，鹽場已經裁撤。而在鹽場工作的壯丁，
亦在該地以農為業，建成村落，稱為官富村。

　　官富鹽場鹽官的衙門，就設在九龍寨對開的地方。由於鹽場
已經廢了，這個鹽官的衙門亦倒塌了，後來在該處建村屋居住的
鄉人，就稱他們的鄉村為衙前村。衙前村的位置，在今日的衙
前塱道。衙前塱的名稱，是由於該處是昔日衙前村的田塱，故得
此名。

　　由於當時該處有大型鹽田，又有鹽官駐守，是以新安縣的官
富巡檢司，設於該處，其後鹽田廢了，便設於縣城附近的赤尾村。

　　耆英就是將駐於赤尾村的巡檢司裁汰，而將原日的官富巡檢
司改為九龍巡檢司，把他移到九龍寨來駐守。他的職責是巡邏檢
查來往中國的帆船的牌照和檢驗海關的稅單。同時和大鵬協副將
合作巡查海盜。是以九龍巡檢司的職責，相當於澳門軍民海防同
知的職責。當耆英向道光皇帝奏請移設九龍巡檢司的時候，道光

曾懷疑是否應該找一位官職較高的人擔任。

　　耆英在道光二十三年十月十七日（1843 年 12 月 8 日），向皇帝說明巡查工作不必拘執於官員職位的大小。他的奏摺刊於《籌辦夷務始末》卷七十：

　　　　其九龍地方，徑對夷人聚居之地。船隻之往來香港者，必泊於此，稽查甚為近便。若商船販貨出口，前赴香港，應先在出口處所，完納稅銀，再行給發牌照。沿途及香港，即以牌照為憑，分別驗放。其在香港販貨進口之船，應在進口處所，完納稅銀，本係仿照定例辦理，全在行之以實，不在驗照官之大小。況前赴港之船，既由給照口岸，按月報明粵海關，則所有赴香港商船若干隻，業已互有稽考。九龍巡檢，不過查其已末到彼，何時返棹；並無稅銀可收，似可無虞偷越。奴才愚以為稅課贏絀之機，全繫乎各海關之稽查嚴密，而不在香港之通市與否。至各海關稽查漏稅之卡房巡船，星羅碁布，業已無微不至；兵役賣放，亦有治罪專條。若能事事覈實辦理，似可毋庸另議章程。蓋多設一官、多立一法，即多滋一弊。更張不如守舊，繁文不如簡約也。

　　看了耆英的奏摺，就知道他將官富巡檢改為九龍巡檢的原因，是怕多立一官多滋一弊。道光皇帝後來諭軍機大臣批准辦理。他的諭旨是這樣寫的：

　　諭軍機大臣等：前據耆英等奏，請改設巡檢，移駐附近香港之九龍地方，會同嘆國稽查出入牌照等語。朕以香港為售貨之總匯，若僅責成巡檢稽查，恐立法尚未周密。令該大臣等再行妥議。茲據耆英奏稱，體察情形，不在驗照官之大小，全在行之以實。所有前赴香港之船，既由給照口岸，按月報明粵海關，業已互有稽考。九龍巡檢，不過查其已到未到，並無稅銀可收，似乎無虞偷漏等語，着照所議辦理。所有祁墳等前奏廣東新安縣屬之官富司巡檢，請移駐九龍地方，改為九龍巡檢，作為海疆要缺，即照所請，准以試用從九品許文深試署。俟試署期滿，如果稱職，另請實授，並定為在任三年。如經理得宜，即予保舉升擢，毋庸扣至六年俸滿。其現准試署之許文深，能否經理得宜，仍着祁墳等，隨時察看。如不勝任，即行撤回，另為酌調，毋得稍事因循。至該巡檢無徵收稅課之責，而稽查出入，務令華夷相安，斷不可任吏胥勒索，別生事端，是為至要。

　　從這一篇諭軍機大臣的諭旨可以看到，九龍巡檢這個官雖是由從九品的許文深擔任，但許文深稱職與否，是直接由兩廣總督祁墳直接鑒察的。換句話說，九龍巡檢和官富巡檢不同，官富巡檢是由新安縣知縣指揮的，而九龍巡檢實際上已經升了格，是直接由兩廣總督負責其升遷的一位官員。是以諭示中才有「仍着祁墳等，隨時察看」之句。

　　這時九龍寨還未建築城池，但九龍寨的地位已顯得特別，武

官由副將直接向省級的水師提督負責。文官的九龍巡檢直接向廣東巡撫負責,這時的九龍寨,已具備了特別行政區的雛形。

怎見得當時的九龍寨具備特別行政區的雛形呢?第一,九龍寨的巡檢司有稽查全國各地進出香港的中國船隻的權力。第二,九龍寨上的副將,有和港英當局互通消息,聯合勦滅海盜的權力。換句話說,即有部分外事處理的權力。第三,副將和巡檢司有探取香港情報的任務。他們經常向兩廣總督和廣東水師提督遞交港英方面的情報。

關於上述三種特別的任務和權力,中西雙方的史料均有記載。例如道光二十四年(1844)冬,有海盜陳牛一股,在現時黃竹角海的銀洲附近,行劫一艘英國貨船,殺死船長和船員,其餘的水手跳海逃走亦溺斃。這一宗銀洲海面劫案,因發生的地點近縣城南頭,故由新安縣知縣湯聘三向廣東巡撫報告。廣東巡撫立即和兩廣總督耆英商量對策,耆英認為海盜危害治安,中外一體,不應因海盜行劫的是外國商船而置之不理。當下立即命九龍寨副將和巡檢司,聯同其他鄰近各縣水師緝捕陳牛。當時的香港總督是戴維斯(John Francis Davis,即德庇時),他既行文廣州要求緝盜,亦和九龍寨方面聯絡,共同緝盜。結果將陳牛一夥海盜捕獲。全案結束後,耆英曾向道光皇帝奏報,奏稿刊於《籌辦夷務始末》卷七三:

> 十二月癸巳(按:即十二月初一日,西曆 1845 年 1
> 月 8 日),兩廣總督耆英、廣東巡撫程矞采奏:竊噗夷
> 寄居香港,來往外洋,向多雇倩內地船隻水手,載運銀

貨。而粵洋盜風素熾，致有肆行劫殺之事。該夷既准通商，即應事同一體。必須隨時查拏盜匪懲辦，方足以肅法紀而靖中外。先據署新安縣湯聘三稟報，訪聞縣屬銀洲外洋，有盜匪行劫船隻銀物，並致斃夷人多名情事。當經會營詣勘懸賞緝拏等情。隨接據嘆咭唎國夷酋嚧呢嗱來文，亦言前事，懇請飭緝究辦。嗣經臣等查明，本案被劫，係屬嘆夷米加兒呢等船隻，內有夷人米加兒呢一名，被盜拒傷落水淹斃；溫嚤噡他等四人，自行鳧水逃避，亦被淹身死。即經札飭該地方文武嚴拏解辦，並備文照覆該夷酋去後。旋據新安、香山、番禺等縣官，及大鵬協並九龍司巡檢各兵役，先後拏獲盜犯陳幡牛、陳亞太、陳亞二、杜亞得、林富仔、陳皮仔六名；並在陳亞太名下，起出原贓洋銀三十二圓，由新安縣移准酋。查明當時撈獲屍身三具，業經檢埋。尚有二屍末經撈獲等因，又經新安縣會營覆勘確查。該二夷屍身，業經漂失，無從撈獲。將現犯陳幡牛等錄供通稟，批飭解省審辦。據陳亞太等供認不諱，臣等於審明後，即恭請王命，將陳亞太、杜亞德二犯，綁赴市曹，斬決梟首；傳首犯事地方，懸竿示眾，以昭炯戒。陳亞二、林富仔被脅在本艇板船接贓，並無助勢搜贓情事，均合依例發新疆給官兵為奴。已起之贓，給主收領；未起各贓，於現犯名下照估追贓。

第二宗事件，也是發生於道光二十五年（1845）的。這宗也是

緝拿海盜案，是九龍寨副將和巡檢司知會香港英國海軍方面，共同到青山灣緝捕海盜。這件案在香港法院檔案中有紀錄，因為當時捉獲的海盜十八名，由香港海事法庭審訊。馬沅在〈防禦海盜事略〉譯出：

> 當一八四二年間，港外海面海盜披猖。此勦彼竄。駐華英使查樸鼎查以過往商旅受禍彌深，曾幾度與中國當道協議派兵合勦。迨一八四五年三月二十日，有海盜匿港內海面。由九龍城中國官吏所偵悉，擬派隊圍捕。事先照會港吏協勦。當任署理港務局長（即船政司）連那，乃率同軍警約期往捕。當在九龍及青山附近海面破獲盜舟，捕獲海盜十八人置之於法。此為中英兩國當局合勦海盜之第一次。同時有英艦亞利爾號炮兵英人星克里，因入夥海盜犯案被逮，於六月十九日解案究辦。判處無期遣戍之刑。

從這一宗事件可以見到，九龍巡檢司和駐九龍寨的大鵬協副將，都有和香港政府聯合行動的權力，不必事先請示，隨時可在指定範圍內行使權力。否則是不會及時在青山灣處捉獲十八名海盜的。

至於駐九龍寨的這兩位官員，隨時監視英方的行動，向兩廣總督打報告，亦可舉一件事以證明。道光二十六年（1846）八月，香港海面突然先後駛來很多艘英國軍艦。他們先向廣州報告，隨後又探得這批英艦的突然駛來香港，是因為英軍在馬來亞作戰，

死傷數百人，英艦將死者和傷者運來香港，同時在香港補給糧食
和彈藥。這種情報工作。亦見於耆英向朝廷奏報，奏稿刊《籌辦
夷務始末》卷七四：

　　　　本年七月間，接據該酋文稱：有自伊國駛來兵船數
　　隻，分赴各口，停泊稽查貿易。即經委員察探，共有火
　　輪船五隻、巡船六隻，於八月十一、十三、十四、十五
　　等日，先後駛到尖沙嘴洋面寄泊。雖據該酋豫行報明，
　　而兵船多隻，連舺而至，形跡究屬可疑。當復飭據大鵬
　　協副將王鵬年、九龍巡檢許文深，就近探得，該國新到
　　巡船內，載有夷屍二百餘具，業經運至裙帶路附近中灣
　　地方掩埋。係與嘸叼國打仗，被咈囒哂兵船合力攻擊，
　　以致傷斃夷兵多名。當查嘸叼國，即嗎嚧國，又名文萊
　　國，距咖喇吧不遠，順風十餘日，即可到粵。復飭澳門
　　縣丞張裕向澳夷詢訪，亦稱唤夷因圖占文萊國埠頭，致
　　相攻殺屬實是該夷兵船，係由嘸叼國駛來，尚非無因而
　　至，似不致有他虞。又據即選道潘仕成，訪有香港新聞
　　紙一件，係夷商編造刊刻，內稱福州固非伊等所能住。
　　即廣東地方，比之昔日未爭戰時，尤為掣肘。當日定議
　　條約，何不言明留鼓浪嶼、舟山二島。俟各要款均皆遵
　　行，再行退還，乃僅作為保交銀款之據，係為中國所愚
　　等語。查前定通商善後各條約，本為約束夷商，俾免漏
　　私生事。當時屢易其說，始與嘆酋議定。而夷商多有以
　　為不便者，且粵東風俗強悍；在粵夷商，往往被民人蔑

視，氣不得舒。新聞紙所載各情，正係夷商意中之事。

　　這篇奏稿説明了王鵬年和許文深兩位九龍寨官員，負有監視英方活動的任務，並經常接到指示，偵查港英的各種情報。奏稿前有「即經委員察探」，後又稱「據大鵬協副將王鵬年、九龍巡檢許文深，就近探得」，這些字眼，已把九龍寨官員的工作加以説明。

　　耆英對於考覈情報，亦可從奏稿中知其謹慎。他向澳門縣丞張裕查問馬來亞方面的情形，以便核對王鵬年和許文深的報告是否真實。澳門縣丞是駐於澳門左堂新街內的一位中國官員。在道光二十八年（1848）之前，澳門是有縣丞駐守的。縣丞張裕在澳門向葡萄牙人打聽消息，回報廣州，對證之下，就知道九龍寨的情報的真實性了（澳門縣丞張裕，後來亦是駐九龍寨城的官員，將來亦會談及他的一切）。

　　奏稿中的最後一段，説潘仕成譯香港新聞紙關於香港西商及若干港官對香港表示失望的新聞，相信是譯自當年的《華友西報》（Friend of China）的。該報是由早期西商支持出版的，常反映西商的意見，並對港府若干措施加以抨擊。在 1844 至 1846 年間，本港很多英兵和英商都受惡性瘧疾折磨，多不願留居香港，主張以舟山換取香港。這段奏稿，反映了當時耆英極關注香港方面的動態。

　　讀過了這些史料，就知道九龍寨的重要性。這個寨既然要巡查帆船的船牌，又有和香港聯絡的責任，同時又緝拿海盜，探聽港英的情報，豈可沒有一座城池，建立官衙、兵房供駐守官兵將領居住？正是這樣，促使九龍寨建城付諸實行。

# 九龍寨築城池的始末經過

隨着九龍寨的地位日益重要，實有必要建築城池以便官員辦事和防守。但建築城池是一件大事，第一必須有法律依據；第二要有建城的經費；第三要考慮以後的日常費用。

曾經駐守九龍寨的賴恩爵當時已晉升為水師提督，他是第一位以大鵬協副將官階駐守九龍寨的官員。任職期間，他的官衙是租借民房來權作辦公之用，前此第一任九龍寨的巡檢司許文深，也是租用民居辦公的，這顯然不是長久之計。因此，賴恩爵便成了推動建城的主要人物。

賴恩爵終於找到了法律依據，因為他曾見到林則徐在任兩廣總督時動用澳門關閘外前山寨城的軍餉基金，作為建官涌炮台和尖沙咀炮台的經費。澳門附近的前山寨城的一切，可作借鏡。

在中外交涉史中，澳門是先驅。葡萄牙人於明朝嘉靖年間即在澳門打開了中西交通和中西貿易。明清之際更引起過多次糾紛。因此，明朝末年，已在前山地方建寨駐兵防守，這個寨便稱為前山寨。到了清初康熙年間，為了加強對葡萄牙人的監視，把前山寨加建城池，稱為前山寨城。這是將一個被外人強佔地區邊緣駐兵的寨建築城池的開始。

澳門這一頁由寨築城的歷史，就成為九龍寨築城的法律依據。澳門前山寨本是一條小小的鄉村。因有需要而築城池，九龍寨比前山寨的地位更重要，而且面對英人佔據的香港島，更有理

由建築城池。因此，耆英有了法律依據，就向道光皇帝提出建九龍寨城，他建議築九龍寨城的奏摺，是研究九龍城寨史的重要文獻，不可不錄出供大家參考。該奏稿刊《籌辦夷務始末》卷七六，內容如下：

　　庚午（按：原奏摺日期為道光二十六年六月庚午日〔即六月十七日〕，西曆 1846 年 9 月 7 日），協辦大學士兩廣總督耆英奏：查九龍山地方，在急水門之外，與香港逼近，勢居上游。香港偶有動靜，九龍山聲息相通，是以前經移駐大鵬營副將及九龍巡檢，藉以偵察防維，頗為得力。第山勢延袤，駐守員弁兵丁，無險可據；且係賃住民居，並無衙署兵房，堪以棲止。現值停工，又未便請動公項。噗夷雖入我範圍，不致復生枝節，而夷情叵測，仍應加意防備。今於該處添建寨城，用石砌築，環列礮台，多安礮位；內設衙署兵房，不惟屯兵操練足壯聲威，而逼近夷巢，更可藉資牽制，似於海防大有裨益。溯查康熙五十六年，因西洋夷人受廛澳門，尚於距澳十五里之前山寨，建立城垣礮台，駐兵列礮，堵扼咽喉，至今賴之。九龍山之逼近香港，與前山之密邇澳門，形勢無二，亟應建立城寨，以便防守。臣等不敢因各項捐輸，均已停辦，稍事拘泥，致稽要工。惟粵東官紳，雖素稱急公，究在疊次捐輸之後，勢須查照前辦礮台戰船成案，給予優叙，方期踴躍樂輸，剋期集事。

　　硃批。覽。酌量妥為之。

　　耆英的奏摺，已把建城的法律依據和建城經費都詳細列明，因此道光皇帝立即加以硃批，並用「酌量妥為之」五字加以批准了。因此九龍寨城是在 1846 年 9 月後開始建築的。

　　耆英在奏摺裏強調了建築城池的經費，由廣東官紳捐輸建築，就是說不用花費國家的公帑。驟看起來，耆英似乎為國家節省一筆建城經費。其實在清代，各地方建築城池，都是由地方官員、鄉紳和鄉民捐款建築的，這並不限於建九龍寨城。換句話說：無論哪一個地方建城池，都是由地方籌款建築，而國家是不需撥款的。

　　在建築九龍寨炮台、九龍壘台時，經費也是由地方官紳籌款的。倘有不足之數，才由其他地方經費撥充。九龍寨建城的捐款，耆英本人捐一部分，廣東巡撫黃恩彤捐一部分，廣東水師提督賴恩爵也捐一部分。當中以這三人捐款最多。其次是新安縣知縣、大鵬協副將、九龍巡檢司，以至守備、千總、把總、外委把總等文武官員都依薪級捐款的。其餘則由地方鄉紳捐款，是以建築費一呼而集。

　　城門在道光二十七年農曆三月建成，即 1847 年 5 月初，因此九龍寨城的正門上，嵌有一塊石刻，上書：

　　　　　道光二十七年季春吉旦
　　　　　廣東巡撫部院黃
　　　　　太子少保兩廣部堂宗保耆
　　　　　全省提督軍門呼爾察圖巴圖魯賴

中國古代排名以正中的為最高，是以耆英的榮銜和官階刻於正中。廣東巡撫黃恩彤的名字刻於左，水師提督賴恩爵的名字刻於右方。這三位雖然是道光二十七年（1847）廣東方面的文武大員，但並不是由於官職大就刻石嵌在城門之上，他們也是領頭捐款的，也是為建城捐款最多的三位。

除了建城之外，還在城內建造兵房和衙署。其一是大鵬協副將的將軍衙門，另一是九龍巡檢司的衙門。在兩衙門內，都建有兵房。此外還要在城內開鑿大井以便汲取食水。

中國自唐朝開始，已有「徙民實邊」的措施，意思是在邊區地方，如果只靠軍隊防守是不足夠的，還必須由軍民合作防守邊界才能事半功倍。因此要設法移民到邊區去，移民在邊區耕種，生產糧食，與軍隊和衷共濟。當時建成了寨城，也有「移民實邊」的措施，並招徠各地的農民入城內居住，歡迎他們開墾城外的荒地耕種。同時，也希望吸引一些知識分子到來充實這個新開發的城市。因此在城內又建了一所龍津義學。

龍津義學的牆壁上，嵌有〈九龍司新建龍津義學敘〉碑一方，我們可從這塊碑的碑文，知道當時新建成的九龍寨城這種「移民實邊」的措施。該碑全文如下：

> 有因時制宜者出，相機勢，備經營，即事求治，而招攜懷遠之意，以寓蓋世經濟之才，如此其難也。粵東素稱樂土，人文與中州相埒，貨財之所萃薈，番舶之所駢集，富庶又甲於他省。新安地濱海邊，邑縣有官富司，猶濱海邊司耳。然衣之裔曰邊，器之羨曰邊，器敝

自羨始，衣敗自喬始，則凡官邊地者，靖共厥職，宜什伯中土，而厭薄之，獨何心歟？道光二十三年，夷務靖後，大吏據情入告，改官富為九龍分司。近量宜於遠，築城建署，聚居民以實之，雖備內，不專為禦外，而此中稟承廟謨，計安海宇，誠大有濟時之識於其間，而非苟為勞民而傷財也。今年余奉調視事，巡檢許君文深來言，有龍津義學之建，副將王君鵬年，通判顧君炳章，喬大令應庚及許君捐銀若干為經始地，租歲可得若干以資生徒，仿古家之制，擇其尤者居焉，人必昏奮。嗟乎！此真即事求治，能以無形之險，固有形者也。今國家民教罩敷，武功赫耀，無遠弗屆，九龍民夷交涉，人情重貨寶而薄詩書，有以鼓舞作興，則士氣既伸，而外夷亦得觀感於絃誦聲明，以柔其獷悍之氣。所為漸被邊隅者，豈淺鮮哉？落成，司人以文請，既滋愧許君能助我不逮。而重為司人深無窮之望也。記之俾勒於石。

道光丁未秋八月

知新安縣事思唐王銘鼎撰

南海謝鐵泉募刻

值事曾朝斌吳穎才等嵌壁

這碑的碑文，有「築城建署，聚居民以實之」兩句，足以說明當時是經過移民來充實這個新建成的城市。

這塊碑刻曾引起很多人誤以為九龍寨城始建於道光二十三

九龍城寨城門，門上刻有「龍津」二字。

九龍城寨南門，上有「九龍寨城」字樣。

年（1843），因碑刻有「道光二十三年」的字樣。其實文中所說的
是指在道光二十三年將官富巡檢司改為九龍巡檢司，而不是說在
該年建築城池的。

　　耆英在道光二十六年六月（1864 年 8 月）奏請建九龍寨城，
而寨城正門的石刻紀年為道光二十七年（1865）季春。前後只花了
八個月時間就建成，表面上這似乎不合情理。論者多以為清代建
築技術仍很落後，根本不可能在短短八個月就建成一座城池。而
龍津義學和衙署等建築物也在同年落成，以當時落後的建築技術
來衡量其所需時間，似乎九龍寨城是不可能在短短幾個月內能建
成這許多建築物的。故此，論者一般推測九龍寨城池應要五年時
間才能建成，是以認為其始建年分應於道光二十三年（1843）。

　　然而，查實清代的建築技術並不落後，那時已懂得訂立營造
規劃，即是先畫了圖則，按照圖則上每一種建材的尺寸統計起來，
分發給材料營造商依照所需的每件材料的尺碼製造建材。建材製成
立即運到建築地盤，把各種建材依圖則鑲嵌起來，就很快建成建築
物。這種分工建築法，在香港開埠初期最為外國人所賞識。

　　我們不妨仔細研究耆英上道光皇帝的奏摺中那兩句話：「今
於該處添建寨城，用石砌築。」就知道在上奏摺之前，已丈量了
土地，做好了營造規劃，分發打石商分頭依照尺碼製造城牆的石
塊。其他衙署、兵房、龍津義學等建材如磚瓦、木石等材料已經
準備好了，只待皇帝一批准即可動手，只要動用大量人力，在幾
個月內建成各項建築物，並不困難。倘以為建一座六英畝半的小
城池一定需要四五年的時間，未免太低估清代建築技術了。

　　九龍寨城既已建成，接着就要劃分駐守於城中的文武官員

1930 年代中期，九龍城寨西南面的城垣及城外的村屋。

九龍城寨近侯王廟的城垣，圖中依稀可見城牆前的濠溝。

# 城寨官員管轄地區的劃分

所管轄的地區，即劃分他們的行政權力所及的範圍，以免和縣政府的工作有所衝突。換句話說，就是把大鵬協副將管轄的地區及九龍巡檢司所管的鄉村加以規定，因為這兩位官員，是駐守九龍城寨內的最高級軍政大員。如果不明確其權力範圍，他們就只是那座小城的統治者而已。

由於前人沒有認真去研究這兩位官員所管轄的地區有多大，引致人們誤解城內的官員只是管理城寨範圍內的官員，到了後來就有所謂港英武力驅逐城內中國官員出境之說。倘若認真研究城寨建成之後，城內官員所管轄地區之廣，就不會相信光緒二十四年（1898）租借新界時所謂驅逐中國官員之說。因此，研究城寨內官員所管治的地區和權力範圍，是極為重要的。

這裏有一份資料，其內容極為可以信賴，這是郭嵩燾任廣東巡撫時所修的《廣東圖說》。郭嵩燾在他的日記中曾記載當時廣州成立興圖局的情形。該局用新法編繪全廣東各縣的地圖，並參考西洋出版的地圖，編成該書。《廣東圖說》成書於光緒元年（1875）間，書中以府縣為單位，每一縣先繪一地圖，然後再敘述該縣的全部資料，在該書卷一三的《新安縣圖》中，對九龍寨城內九龍司巡檢所管的鄉村，逐一詳細列出，下面是九龍司巡檢所管的鄉村的詳情：

九龍司巡檢一員（駐九龍寨城），其屬大鄉七。

一都，城東二十五里。內有小村十九，屬九龍司者六：曰上梅林、曰下梅林、曰水邊、曰蘭花地、曰橫洲、曰太亨。餘屬典史。

二都，城東四十里。內有小村三十四，屬九龍司者十三：曰湖貝、曰向西、曰厦村、曰盧勝塘、曰衙前萌、曰衙前圍、曰羅湖、曰莆隔、曰羊觀田、曰曹屋圍、曰元岡、曰西湖、曰蚺蛇窟。餘屬福永司及典史。往來大道有深圳墟汛。

五都，城東南四十里。內有小村十：曰新田、曰屏山、曰黃岡、曰岡下、曰上步、曰笋岡、曰河上鄉、曰屯門、曰竹村、曰山下。有屯門汛，南濱大海。

六都，城東南四十里。內有小村三十二，曰南邊圍、曰沙頭角、曰大埔頭、曰黃貝嶺、曰福田、曰葵屋圍、曰赤尾、曰沙尾、曰沙嘴、曰孔嶺、曰舊墟、曰粉壁嶺、曰西邊圍、曰鳳園、曰大橋、曰山貝、曰白沙澳、曰勒馬洲、曰丙岡、曰金錢、曰燕岡、曰東頭、曰羅坊、曰田貝、曰新寵、曰丹竹阬、曰山雞窟、曰大篙、曰吉田、曰烏石下、曰新圍子、曰濠涌。往來大道有元蓢墟、沙頭角墟、大埔墟、蕉逕汛。

三都，城東北五十里。內有小村五十九，屬九龍司者十一：曰錦田、曰沙頭、曰清溪、曰諸佛嶺、曰龍躍頭、曰上水、曰清湖、曰莆心湖、曰黎峒、曰石馬、曰凹下。餘屬福永司及典史。往來大道有培風墟、清溪

墟、苦草洞汛、北界東莞縣。

四都，城東北五十里。內有小村十一，屬九龍司者五：曰平湖，曰大平、曰草莆子、曰松園下、曰橫頭山。餘屬縣丞、福永司及典史。北界東莞縣。

七都，城東北五十里。內有小村二百六十四，屬九龍司者一百四十五：曰沙頭尾、曰田心、曰小瀝源、曰林村、曰湖南、曰莆上、曰新田、曰山貝、曰水蕉、曰沙莆、曰松園頭、曰李朗、曰斬竹阬、曰李屋、曰東皋、曰蠔涌、曰大澳港、曰長洲港、曰平洲港、曰桔澳洲、曰九龍寨、曰沙莆、曰莆岡、曰打鼓嶺、曰隔阬、曰竹園、曰園嶺、曰牛池灣、曰瓦窰、曰九龍子、曰深水莆、曰長沙灣、曰九龍塘、曰白薯莨、曰芒角、曰大圍、曰逕口、曰沙田、曰涯涌、曰沙田頭、曰下阬、曰南阬、曰碗窰、曰漳樹灘、曰九龍阬、曰掃管鬱埔、曰花香爐、曰椰樹下、曰東涌、曰西河、曰西涌、曰新洲、曰週田、曰大芬、曰復慶、曰南塘、曰木湖圍、曰赤水洞、曰橫排嶺、曰平洋、曰平源、曰田尾、曰萬屋邊、曰新田、曰南嶺、曰禾阬、曰大逕、曰大莆、曰官浦、曰湖南、曰牛凹、曰石步、曰淺灣、曰白沙、曰竹園、曰馬鞍岡、曰長頭莆、曰白田阬、曰上木古、曰下木古、曰王沙阬、曰斾嶺、赤嶺、曰緣分、曰大湖、曰巫屋、曰岡頭、曰橫塘、曰謝阬、曰象角塘、曰楊公塘、曰岡頭子、曰李公逕、曰馬鞍堂、曰洋尾、曰雪竹逕、曰石凹、曰潭羅、曰公村、曰鹽田、曰烏校田、曰

荔枝窩、曰榕樹凹、曰黃岡下、曰蓮塘、曰香園、曰蓮
麻阬、曰圓墩頭、曰逕口、曰沙井頭、曰凹頭、曰山
嘴、曰擔水阬、曰爛泥灣、曰棟子、曰莆心排、曰官
阬、曰井欄樹、曰孟公屋、曰交塘、曰赤逕、曰大蓢、
曰北港、曰沙羅洞、曰黃泥合、曰流水響、曰烏雞沙、
曰滘塘、曰下陽、曰樟木頭、曰大洞、曰漳上、曰松柏
蓢、曰深涌、曰橫岡、曰東涌、曰沙螺灣、曰羗山、曰
牛牯角、曰二澳、曰石壁、曰塘福、曰杯澳、曰梅窩、
曰大蠔。餘屬縣丞、福永司及典史。往來大道有鹽田墟
汛、南濱大海。

看到以上的記載，當知駐在九龍城寨內的九龍司巡檢共管轄
二百二十二條鄉村，屬於一都的有六條屬九龍司所管；二都內有
十三條村由九龍司所管。其中五都內十條村和六都內三十二條小
村，全屬九龍司所管；三都有十條村和七都的一百四十五條小村
都由九龍司管轄。可見九龍司所管理的地區，遍及現時新界及各
離島，管轄範圍極廣闊。

至於駐九龍城寨的大鵬協副將所防守以及巡邏的地區，《廣東
圖說》卷一三的《新安縣圖》記載得極為詳細，這位副將不僅負
責防禦九龍城寨附近海面，連大鵬灣內的大鵬城右營守備和駐守
新安縣城的左營水師提標游擊，都由城寨副將統領。下面是該書
的記載：

大鵬協水師副將一員（駐九龍寨城，隸水師提督。統轄本協左營、右營。）

左營中軍都司一員（駐大鵬所城）

守備一員（駐大鵬所城）

左哨千總一員（分防九龍礮台汛）

右哨千總一員（分防沱濘礮台汛）

左哨頭司把總一員（分防鹽田汛）

左哨二司把總一員（分防佛堂門汛）

左哨三司把總一員（管駕出洋巡船）

右哨頭司把總一員（駐大鵬所城）

右哨二司把總一員（分防糧船灣汛）

左哨外委千總一員（分防九龍海口汛）

右哨外委千總一員（分防老大鵬汛）

左哨頭司外委把總一員（管駕出洋巡船）

左哨二司外委把總一員（分防瀝源港汛）

左哨三司外委把總一員（管駕出洋巡船）

右哨頭司外委把總一員（駐大鵬所城）

右哨二司外委把總一員（分防塔門汛）

左哨額外外委一員（管駕出洋巡船）

右哨額外外委一員（駐九龍寨城）

左哨頭司額外外委一員（駐大鵬所城）

右哨頭司額外外委一員（駐大鵬所城）

本營額設水師兵丁共七百九十五名（內步兵二百十一名，守兵五百八十四名，均防縣境。）

本營駐防縣境水師兵丁共七百九十五名內：

外委本身名糧七名

額外外委本身名糧四名

存城防兵二百四十四名

九龍寨城防兵一百五十名

鹽田汛防兵三十五名

沱濘礮台汛防兵五十五名

老大鵬汛防兵十五名

糧船灣汛防兵二十五名

九龍礮台汛防兵七十五名

九龍海口汛防兵十五名

佛堂門汛防兵二十五名

瀝源港汛防兵一十名

塔門汛防兵十五名

巡洋兵丁一百二十名

　　為了避免讀者看得枯燥無味，暫且將其他史料按下，先把上面的史料詳細分析，讀者明白了清代的海防制度以及各種官職的性質，才會覺得趣味盎然。

　　清朝水師的軍制，每省設一水師提督，統領全省海軍，是以賴恩爵在城寨城門頭上的刻石，稱其官職為「全省提督軍門」。提督之下設總兵，總兵以下順次為副將、參將、游擊、都司、守備、千總、把總。這些軍職近似於現代軍制軍、師、旅、團、營、連六級制度。提督相當於軍長，總兵相當於師長，副將相當

於旅長，參將近於副旅長，游擊似近於團長，都司就如副團長，守備相當於營長，千總相當於連長，把總類似排長。

用現代軍制來作比較說明，才明白駐守九龍城寨的大鵬協副將的職權是相當於一位旅長。因此他是負責由惠陽縣沿海邊界到香山縣邊界大片海防地區防務的軍官。是以上面錄出的史料第一行把「大鵬協水師副將」的管轄權列出。先是說清楚他駐守九龍城寨，其次說明他受全省水師提督所直轄，再說明他總轄本協左營和右營。

我們又應該知道，清朝所稱的「協」，是屬於海防地域的一種名稱，極重要的海防地區則稱為「鎮」，其次為「協」，再次為「營」。因為地區的重要性不同，派駐的軍隊亦有異，重要地區的「鎮」，由總兵鎮守。即派相當於一師軍隊駐守。例如虎門地區，是珠江口的海防重鎮，故設「鎮」而由總兵（師長）駐守。在鴉片戰爭時期，九龍一帶的防務本由大鵬營參將賴恩爵負責。林則徐將大鵬營參將調來九龍寨，認為這地區的海防極重要，是以把它升格為「協」。那時賴恩爵恰升官為副將，於是就在原地以「協」為駐守地，他的官銜雖然稱為「大鵬協副將」，但實際上是以九龍城寨為駐守地。

一個「協」的軍力，有三營一標，即有三名營長、一名團長，共有三營的兵力。明白了這些清朝水師制度，就容易分析上引的資料了。

上引《廣東圖說》的資料，第二行「左營中軍都司一員」，他是相當於副團長的軍職，他駐守大鵬所城，第三行守備一員亦駐大鵬城，守備相當於營長。至於第四行「左哨千總」和第五行「右

哨千總」，應該先了解「哨」是甚麼，以明白它的工作實質。「哨」是哨兵的簡稱，千總相當於現代的連長。左哨千總是負責在左翼地區巡哨的連長；右哨千總是負責在右翼地區巡哨的連長。因此左哨千總分防九龍炮台，右哨千總分防沱濘山炮台。

關於「左哨頭司把總」和「左哨二司把總」，上面已說明了左哨、右哨大概是指甚麼，至於頭司把總，實近似現時的第一排排長；二司把總，即第二排排長。把總的官職，是最低的一種，相當於排長的職位。

另外又有「外委千總」和「外委把總」，以及「額外外委」等。這些名目亦不難了解，由於大鵬營本來設一參將防守，後來改由副將防守，就要增加大量軍官和士兵，所以這些另外增加的軍官，就是「外委」。因此千總、把總，都有外委。而「額外外委」則是再增加的一批低級的軍官。

因此，讀者細讀上面的資料，就知道大鵬協副將轄下的左營軍官員二十名，其中九名是原屬大鵬營的軍官。另外十一名是另外委派和額外委派的。因此其中兩行寫明「外委本身名糧七名」、「額外外委本身名糧四名」。

左營的兵力共七百九十五名，其中五百八十四名是海防士兵，二百一十一名是步兵。除了二百四十四名駐於大鵬城的士兵之外，其餘士兵分防於九龍寨城、九龍炮台、糧船灣、佛堂門、瀝源（今沙田）、塔門等地。

這只是駐守九龍城寨副將所轄左營的兵力，還有右營的軍官和兵力。在《廣東圖說》卷一三的《新安縣圖》內，亦有詳細記載：

大鵬協水師右營守備一員（駐東涌所城）

左哨千總一員（管駕出洋巡船）

右哨千總一員（分防大嶼山汛）

左哨頭司把總一員（分防青龍頭汛）

左哨二司把總一員（分防赤柱汛，移駐東涌所城。）

右哨頭司把總一員（分防長洲汛）

左哨外委千總一員（管駕出洋巡船）

右哨外委千總一員（分防大嶼山石笋礮台汛）

左哨頭司外委把總一員（分防青衣潭汛）

左哨二司外委把總一員（分防東涌口小礮台汛）

右哨頭司外委把總一員（分防坪洲子汛）

右哨二司外委把總一員（駐九龍寨城）

存城外委一員（駐東涌所城）

存城額外外委一員（駐東涌所城）

左哨額外外委一員（管駕出洋巡船）

右哨額外外委一員（駐九龍寨城）

額外外委一員（分防長洲汛）

本營額設水師兵丁共六百九十一名（內步兵一百九十五名，守兵四百九十六名，分防縣境及香山縣。）

本營駐防縣境水師兵丁共六百四十一名內：

外委本身名糧七名

額外外委本身名糧四名

存城防兵一百五十五名

九龍寨城防兵一百名

大嶼山石笋礟台汛防兵三十名

深水埗汛防兵三十五名

大嶼山汛防兵四十名

青龍頭汛防兵五十名

長洲汛防兵四十五名

青衣潭汛防兵十五名

東涌口小礟台汛防兵三十名

坪洲子汛防兵十五名

蒲台汛防兵二十名

沙螺灣汛防兵五名

大濠汛防兵五名

急水門汛防兵一十名

梅窩汛防兵五名

榕樹灣汛防兵一十名

巡洋兵丁六十名

　　這些史料很清楚表明，在光緒二十四年（1898）之前，所有本
港各離島都由九龍城寨副將所轄的右營加以防守。右營的主管軍官
是守備，即相當於營長級的軍官。他的駐守地是大嶼山的東涌所
城。讀者如果到過東涌旅行，當會見到東涌炮台的規模並不是一座
炮台那樣簡單。它是一座守衛所的城堞，城裏面有兵房、火藥局和
守備的衙門。這位守備負責大嶼山、長洲、坪洲、急水門、梅窩，
以至青龍頭、深水埗一帶的防務。這位守備共有軍官十六名，其中
十一名是外委和額外委派的，共領兵丁六百四十一名。

　　以上兩項只是佔九龍城寨副將所領導的防禦力量的三分之二。上面說過，「協」的海防區域很重要，由副將防守，副將率領三營一標的兵力。

　　除了「左營」和「右營」兩營，另有一營還未提及。這一營稱為「提標左營」，地位比駐守東涌的守備和派駐大鵬城的中軍都司為高。這個提標左營由一名游擊將軍領導。游擊將軍相當於現今團長的軍職。

　　這位游擊將軍的駐守地是在新安縣城內。清代新安縣城在南頭，他的責任是防守作為當地政治中心的縣城，但並不只限於守衛南頭城。守衛地區包括現時新界北部和西部沿海，因此領兵也最多。共領兵九百五十五名，其中騎兵十名、步兵二百八十九名、守兵六百五十六名。其中大埔、城門水塘一帶，屯門、輞井圍等地，都由他指揮防守。

　　《廣東圖說》卷一三的《新安縣圖》，也詳細將提標左營游擊的負責防務和所領的軍官、兵丁及防衛分佈列出：

　　　　水師提標左營游擊一員（駐城內）

　　　　中軍守備一員（駐城內）

　　　　左哨千總一員（駐城內）

　　　　右哨千總一員（分防蓮花逕汛）

　　　　左哨頭司把總一員（分防南頭礮台汛）

　　　　左哨二司把總一員（分防茅洲墪台汛）

　　　　右哨頭司把總一員（分防屯門汛）

右哨二司把總一員（分防深圳墟汛）

左哨外委千總一員（駐城內）

右哨外委千總一員（分防屯門汛兼防飛鵝莆汛）

左哨頭司外委把總一員（分防鰲灣角汛）

左哨二司外委把總一員（分防嘴頭角汛）

右哨頭司外委把總一員（分防城門凹汛）

右哨二司外委把總一員（分防麻雀嶺汛）

左哨頭司額外外委一員（分防石圍塘汛）

左哨二司額外外委一員（分防佛子凹汛）

右哨二司額外外委一員（分防苦草峒汛）

本營額設水師兵丁共九百五十五名（內馬兵一十名，步兵二百八十九名，守兵六百五十六名，分防縣境及東莞縣。）

本營駐防縣境水師兵丁共八百四十九名內：

外委本身名糧六名

額外外委本身名糧三名

存城汛防兵三百八十七名

蓮花逕汛防兵二十名

飛鵝莆汛防兵一十名

周家村塘防兵五名

栗木岡塘防兵五名

息民亭塘防兵五名

流塘塘防兵五名

南頭礮台汛防兵三十名

赤灣左礮台汛防兵二十名

赤灣右礮台汛防兵二十名

石圍塘汛防兵五名

鰲灣角汛防兵十二名

茅洲水汛防兵三名

碧頭礮台汛防兵十三名

碧頭水汛防兵三名

嘴頭角汛防兵十五名

佛子凹汛防兵一十名

屯門汛防兵十六名

輞井汛防兵一十名

橫洲汛防兵一十名

官涌汛防兵五名

焦遜汛防兵五名

大埗頭汛防兵十五名

城門凹汛防兵十五名

深圳墟汛防兵十六名

白石塘防兵五名

龍塘塘防兵五名

麻雀嶺汛防兵一十名

苦草峒汛防兵一十名

巡洋兵丁一百三十名

東北路有塘舖辛東莞縣，縣前舖（舖兵四名）十里至離流塘舖，又十里至息民亭舖，又十五里至栗木岡

舖，又十里至周家村舖，又十五里至阿公山舖（以上每
舖兵二名），又十里至東莞縣分界舖。

# 九龍城寨駐港偵探黃墨洲

根據《廣東圖說》的史料記載，我們知道九龍城寨的大鵬協副將及九龍司巡檢所管理的地域和海面，是包括港島四周圍的海面和島嶼，以及九龍半島以北，包括青山灣、后海灣、黃竹角海、沙頭角海以及大鵬灣一帶的海面和陸地，以當年英國有限的兵力，是不可能單獨對付神出鬼沒的海盜的。如果沒有中國方面的合作，在這廣闊的海面和陸地上，是不可能確保航運安全的。所以對於九龍寨城的建成，港英當局是表示歡迎的。

自九龍寨的城池建成之後，城寨派有人員駐在香港，並與香港警方保持聯絡，交換有關海盜活動的情報，共同協力維持附近海域的治安。當時在香港海域活動的最大一股海盜是十五仔和徐亞保。十五仔擁有一百艘海盜船，徐亞保亦擁有六十多艘海盜船，他們常在海南島附近劫掠從南洋駛來香港的貨船，及在台灣海峽一帶劫掠從香港開往上海等地的貨船。在這兩股強大海盜被消滅前的三四年內，據道光二十六至二十八年（1846-1848）的資料紀錄，香港海事處平均每月接獲十五次海盜行劫報告。故自道光二十七年（1847）九龍城寨的管轄權確定後，中英雙方即加強合作，致力於對付這兩股海盜。

城寨副將曾通過情報人員向十五仔招撫，勸十五仔效法當年張保仔向清政府投誠，並答應通過水師提督賴恩爵和兩廣總督商議投誠條件。正在商議期間，十五仔的海盜船隊在海南島附近集結，英方透過駐港人員接獲消息，英海軍認為時機不可失，於是

將艦隊開往海南島的北部灣一帶，圍攻十五仔的船隊。這一役，
十五仔損失慘重，後來終於投誠，接受廣東當局招撫，關於十五
仔投誠始末，馬沅在〈防禦海盜事略〉一文，亦有提及：

　　　　一八四九年九月杪，巨盜徐亞保統帶盜船二十三
　　艘，率眾千八百人，配備火炮十八門，在港外四出劫
　　掠，為患商旅。英艦滅地亞號、哥倫科號及科利號三艘
　　出海剿捕，擊沉盜船五艘，殲盜數百人。盜首亦受傷率
　　餘眾逃竄。徐亞保隸大盜十五仔麾下，自成一股，出沒
　　於中國海岸一帶。而大盜十五仔則率大股海盜，為患華
　　南地方。彼兩人犯案山積，均經中國當道懸巨金購緝
　　者。事隔旬日英艦出海復作第二次之剿捕。

　　　　十月八日，該英艦三艘，配足軍實，聯隊出海。沿
　　越南海岸一帶搜索，卒遇大盜十五仔之主要艦隊於東京
　　灣。盜黨凡三千一百五十人，分駕幢懞艦六十四艘，配
　　火炮一千二百二十四門。十五仔身在軍中，統率盜舟指
　　揮盜黨與英艦搏戰。酣戰終日，盜眾大潰。盜艦被轟沉
　　者凡五十八艘，陣亡者達千人，溺死者亦千人。餘盜敗
　　退，率所餘艦六艘狼狽而遁。其時盜魁十五仔方與當任
　　兩廣總督接洽率眾投誠，不圖此次實力消失，反促成其
　　急於投誠。英艦於是年十二月一日返港，士兵雖亦略有
　　傷亡，然獲軍實輜重極多。

徐亞保鑒於十五仔有此一舉，亦同意接受招撫，當時他已和

九龍城寨副將談妥了招撫條件，將船隊集中在大鵬灣內。不料他的部下中有人知道香港當局曾懸賞一百金鎊通緝徐亞保（原因是徐亞保於道光二十九年〔1849〕曾在赤柱附近的黃蔴角殺死兩名調戲婦女的英兵）。因此趁徐亞保放下武器等待招撫時，突然發難，將徐亞保綁起，揚帆而去，其他部眾一時措手不及，便被這群叛變的海盜逃去。當這群海盜在途中遇到英國商船富力康號，便將徐亞保交給富力康號船主轉來香港代為領賞。徐亞保事後被控謀殺兩名英兵一罪，在高等法院接受審訊。結果，陪審團認為徐亞保誤殺罪名成立，被判無期徒刑。但徐亞保不甘受辱，隨後在獄中自殺殉命。馬沅在〈防禦海盜事略〉根據法院檔案，談述此案經過云：

明年（按：西曆 1850 年）徐亞保一股死灰復燃，再招集亡命，集盜舟十三艘，正擬重整軍旅。嗣以十五仔已受招撫，彼亦決意投誠，乃率輕舟赴粵。途次馬士灣，反被散股土匪所劫，擄其夫婦以行。迨識徐氏嘗因一八四九年二月在赤柱謀殺英軍官哥士打及戴亞二命。經本港政府懸賞一百金鎊購緝有案者。又適途遇英國商輪富力康號，即交該船長押解來港領賞。一八五一年二月十六日抵港，徐氏自承殺人不諱，政府當於三月十日組織特別刑庭審訊。被告方面辯詞以被逮地方為中國領域，特提出司法管轄問題。但結果由陪審員裁定僅成立誤殺罪，當由正按察司判處無期遣戍之刑，至關於海盜罪則未嘗提起公訴。徐以不甘受辱，竟於四月二日晨在

獄候期起解中自縊身死。

這是自九龍寨建城後肅清兩股著名海盜的史實。馬沅的〈防禦海盜事略〉一文，載於《香港法例彙編》乙冊內。該文是依據本港高等法院檔案史料寫成的。文中雖然沒有提到九龍城寨與十五仔和徐亞保兩案有關，但文中提到十五仔和徐亞保的投誠，以及在馬士灣（大鵬灣）等待招降，顯然是透過九龍城寨官員談判才會如此的。

自道光二十七年（1847）開始，九龍城內的中國官員長期派人駐在香港。這些人一方面和港英官員保持聯絡，交換有關海盜情報，另方面也打聽港英的內情，向城寨報告。當時城寨派駐香港的人員，有案可稽的是一名位叫黃墨洲的人員。此人在港島和當時的總登記官兼副警察司高和爾稱兄道弟，混得很熟。他經常將有關海盜的情報告訴高和爾，徐亞保和十五仔的被消滅，便是由黃墨洲向高和爾提供情報所促成的。由於黃墨洲和高和爾關係密切，以致高和爾接到黃墨洲的情報後，常會立即以副警察司的身份隨海軍出發對付海盜。關於高和爾的情報準確性及他殲滅海盜的經過，林友蘭在《香港史話》中也曾提及，該書有兩則關於高和爾接獲情報後，親自出海對付海盜的記載：

一八五零年三月四日，英艦「密伙亞號」在香港東北的大鵬灣（Mirs Bay），搜索徐亞保的船隊，當場擊沉了海盜船十三艘。能說華語的總登記官兼副警察司高和爾（Daniel R. Caldwell）亦隨艦出海，襄助清剿工作。

一八五一年二月二十日，海盜船隊在石排灣外和八艘中國炮艇發生激戰。一週後，海盜企圖騎劫由香港駛往廣州的汽船「香港號」，幸而高和爾預先接獲情報，汽船得免於難。一八五一年，香港水域內發生了海盜劫船案十九宗。一八五三年夏季，每月平均發生劫船案十四宗……

這位黃墨洲因為和高和爾關係密切，遂導致後來爆發了一宗轟動全港的案件（在法院檔案中簡稱為「黃墨洲案」）。它的案情是這樣展開的：咸豐六年（1856），高和爾又以總登記官而兼任「撫華道」。此事在當時曾引起很多英國官員的嫉妒。有人說他和黃墨洲勾結，專門收受海盜的贓物而發財，又利用黃墨洲的關係，勒索華人商家。這些流言令到當任總警司不得不採取行動，於是在咸豐七年五月（1857 年 7 月）某日，突然搜查黃墨洲的住宅，並搜出一批賊贓，同時又搜出他和高和爾有關銀兩來往的帳目。於是引發這件「黃墨洲案」。這裏先引林友蘭《香港史話》所記的簡單敘述，然後再加以說明：

　　保陵為了安定社會，排除不良分子，重新設立了般含為節省政費而裁撤的總登記官一職，而且給總登記官兼任「撫華道」（Protector of Chinese）的名堂（1856）。但所託非人，引起不少麻煩。

　　這個新總登記官不是別人，就是前章說過以副警察司身份隨英艦出海清勦海盜的高和爾。高在新加坡長

大，曾隨威廉堅吾遠征舟山群島，能說馬來語、印語、
英語、葡語和華語，最初在堅吾的裁判司署擔任譯員，
是港府官員中一個熟悉華人社會的專門人材。他有一個
中國朋友，名叫黃墨洲。這人是一個情報販子，一說是
「滿清駐港偵探」，和各方面都有結納，吃得開，兜得
轉。他把海盜的行蹤密告高和爾。後來又和高合夥做沿
海航運生意。一八五七年七月某天，警方接獲線報，跑
進黃的舖子裏，搜出一批被海盜劫掠的食糖。接著，警察
司查爾斯・梅，又在黃的家裏搜出高和爾寫給他有關錢
財往來的字據，便拿給代理輔政司布烈治（W. T. Bridges）
看。布與高有交情，立刻命令梅把字據燒掉。審訊後。黃
罪名成立，被判押解北婆羅洲附近的納閩島（Labuan），
充軍十五年。高和爾極力為他奔走說項，並慫恿布烈治
出面要求重審，終無結果。

林友蘭說黃墨洲是「情報販子」，又稱另一說是「滿清駐港
偵探」；所謂「滿清駐港偵探」，即是九龍寨城滿清政府派駐香港
的密探。這一段記載已將道光三十年（1850）和咸豐元年（1851）
高和爾接獲的情報是來自黃墨洲，寫得極為詳細。不過，《香港史
話》對黃墨洲這件案還未算記載詳細，馬沅的〈防禦海盜事略〉敘
述得更詳細。

一八五七年八月三十一日，高等刑庭開庭提訊交通
海盜案一宗。被告名黃墨洲，因與西人相習，遂以墨洲

黃之名顯。原為滿清駐港偵探，與港中官吏深相結納。
渠又暗中與港外海盜往來，代任偵察之責，設立機關為
盜黨通報消息。當一八五四年洪楊之役太平天國軍隊進
佔上海時，黃氏與洪黨尤有密切關係，嘗代招募補充士
兵。故當時黃氏在本港華僑中，黨羽之眾，勢力之大，
幾無出其右者。

　　先是政府憑據密告，以黃店中蘦藏盜贓。一八五七
年七月特派大隊警察赴店搜查，果在店內起獲某貨船被
劫之糖一大幫。贓證確鑿，遂於同月二十日由初級法
庭審定解送高等刑庭定讞。當初被逮時，黃復以一千元
現金賄賂警察，希圖得獲釋放。警察拒之，於是兩罪俱
發，然僅以海盜從謀罪提起公訴。及初審，黃請具保出
外，裁判司未敢擅專，黃則狀請按察司，許以繳保在外
候審。

　　黃自具保出外，則向案中證人恫嚇，使不敢出庭
指證，事為裁判司所知，傳黃到案，責令出具切結不得
再有此項行為。及後黃在高等刑庭受訊，其同黨黃亞才
亦併案被控同等罪，兩人延格連狀師辯護。九月二日訊
決，黃墨洲黃亞才各處戍刑十五年。當案事發生後，黃
嘗以其金錢勢力出而運動，或恫嚇證人。裁判署通事唐
亞駒、書記孫亞仕，均有受賄嫌疑，然卒經上官審查明
白。迨黃案判決後，前曾與黃有密切關係者。均不能逃
警察之耳目，牽連頗大，如總登記官高和爾，則其較著
者也。

在黃被逮之初，其店中簿籍文據，內涉高和爾之名，高遂有重大嫌疑關係。當任署理輔政司布烈治與高友善，欲代洗刷，特委警察司梅會同監獄司英吉利士審查其事。據梅警司詳報審查經過，謂黃氏帳目簿冊內載高氏往來數目。高與黃氏所營業務之關係確有佐證等情。監獄司報告大致相同。並謂高黃二人嘗依中國習慣結義為異族兄弟云。輔政司布烈治以此次派大員出任查察，原欲官官相衛代為隱匿，不圖適得其反。布氏怒，下令斥責。謂梅英二員立意誣衊，排擠上官，希圖攫取其位，實有以私害公之嫌云云。

黃墨洲既成立罪狀，例須羈押獄中候解。當時獄例，入獄者須剪除辮髮（按：清制人民皆留辮髮），但黃呈請當局准予保留。是年十一月十三日，黃與其他充軍犯約六十人押下運船安尼號，解往南洋北婆羅洲之剌殷埠充軍。十二月到達該埠，其後消息結果戍犯病沒者達十人，其餘多有因不服水土患病奄奄者。當一八六一年黃在該埠約同充軍犯謀叛，事機不密，所謀敗露。至被判加重五年流刑。同年布烈治為洗脫高和爾與黃墨洲二人往來關係起見。特將此項交手帳目記錄簿冊等，盡行毀滅之。

後高和爾亦嘗代黃設法運動，減輕罪譴，為期僅十年，即獲特赦放還。黃返抵本港，時在一八六九年也。斯時中國當道擬委以軍職。黃不受，寧終老於是邦。及一八八四至八五年，中法戰起，中國當局復舊事重提，

擬以軍職餌黃，使招集舊部為中國政府效力，黃亦不
恤。黃此後息影園林，養晦韜光以終其天年。卒年七十
歲。死於一八九二年。有一子黃昌。仍在港執貿遷之業
為生也。


黃墨洲被判充軍之後返港，九龍寨城方面仍希望他繼續擔任
工作，但他已予拒絕。馬沅這一段敘述，不僅將黃墨洲一案詳細
敘述，且將黃墨洲最後的歸宿也予說明。

黃墨洲被判充軍的歷史背景，除了由於他和高和爾有密切關
係，引起英國官員的不滿外，另一背景是與當時中英關係因「亞
羅號事件」而爆發第二次鴉片戰爭有關的。在這次戰爭之前，又
因廣東方面佛山李文茂和陳開的起義，曾一度由羅亞添領軍攻陷
九龍城寨而使黃墨洲的地位動搖。因為九龍城寨被起義軍攻陷。
城寨後來雖然收復，但又因中英戰爭令到寨城的副將和九龍司無
暇兼顧駐港的黃墨洲的安全，才會爆發出這件案件。關於九龍城
寨被起義軍攻陷，史澄的《廣州府志》卷八二載云：


　　二十六日，佛山賊陳開犯南海大瀝堡。紳士歐陽
泉、麥佩等率鄉勇擊退之。賊羅亞添攻陷九龍寨城。
　　初四日，官軍收復九龍寨城。知縣黃光周協同副將
張玉堂、都司譚蛟等，率眾前進，斬首三十餘級，陣亡
兵丁廖達邦、林禹平二人。即日收復寨城。


這兩則記載，第一則所記的二十六日，是咸豐四年農曆七月

二十六日，即 1854 年 8 月 19 日。第二則的「初四日」，是同年
閏七月初四日，即西曆 8 月 27 日，城寨雖被羅亞添佔領了八天，
但在這八天內，卻引起香港市面很大的震動，因為羅亞添的部下
儼然以新的城寨官員自居，並在香港招兵買馬。當時香港人對太
平天國的情況還未明瞭，以為羅亞添部是太平天國起義軍的一部
分。港英發現羅亞添等人在香港購買槍械，因此引起恐懼，立即
宣佈禁止。關於這件歷史，港英的檔案亦有史料收藏，但這些史
料被馬沅引用於〈軍用品出口條例之緣起〉一文時，略為失實。
茲引錄該文有關這件事的一段於後：

> 在一八五零年之後，中國內地發生革命。洪楊舉
> 義，反清復明，號太平天國，建都金陵。滿清鏖戰失
> 利，東南各省相繼淪陷，廣州城守亦幾瀕於危。時九龍
> 城地方尚屬華界，向設都司駐守。一八五四年九月，嘗
> 一度陷落洪軍之手，惟旋得旋失。該地與港僅隔一衣帶
> 水，洪楊黨羽混跡港地，聚眾數百人，屢欲就近襲取九
> 龍城。本港當道以若輩挾械遊行，乃下令驅逐離境。並
> 制定取諦港內船舶懷藏軍械條例，復出示嚴禁製造及販
> 運軍伙。

這段記載，説太平軍在香港招集人馬圖在香港向九龍城地方
進攻；又説是 1854 年 9 月的事，並稱羅亞添等人為太平軍。這是
由於當時香港人對太平軍的情況未明瞭所致。按照《廣州府志》記
載，這是 8 月的事，《廣州府志》並沒有説明羅亞添等怎樣攻陷九

龍城寨，又並未說明他們從何而來，或被擊退後又從何而去。關
於羅亞添攻佔九龍城的真相，茲詳述於下一章。

## 羅亞添攻陷九龍城寨真相

前文提及的中港兩方面的史料，都證實咸豐四年（1854）九龍城寨曾被起義軍攻陷。此外《廣州府志》更指明攻陷城寨的首領人物名羅亞添。究竟羅亞添是甚麼人呢？

羅亞添是當時香港三合會的首領，他是客家人。按照三合會的流派，廣東三合會通稱「洪順堂」。當時在佛山起義的三合會首領李文茂和陳開，都是屬於「洪順堂」一派的。因此羅亞添也是「洪順堂」的一個支派的首領。

香港開埠初期，大部分建築物都採用石材，而客家人很多都是石匠。羅亞添也是石匠，即便是連他屬下的三合會會員也大部分是石匠。當時李文茂和陳開在佛山揭竿而起，節節勝利，最後更向廣州進攻。因此鼓舞了香港的三合會。羅亞添認為這是「反清復明」的最佳時機。

三合會又稱「三點會」，亦名「天地會」，也叫「洪門」。他們的口號是「反清復明」。羅亞添看見李文茂等同門圍攻廣州，各縣的清兵都被抽調到廣州附近去作戰，九龍城寨的駐軍人數也極為稀少，於是在香港策動向九龍城寨進攻。

羅亞添的部署是分水陸兩面夾攻的。一面派人從九龍半島進攻九龍城；一面從香港乘船進攻。在天明香港解除宵禁之後，即開始發動攻擊。當時守城的清兵並不多，故傷亡甚少。清兵只死亡三人，傷十五人，而羅亞添的部下亦只死了十二人而已。

關於這方面的真相，英國殖民地部編號 C.0.129/47 的檔案中，

載有威廉・堅吾（W. Caine）給殖民地部的信，它詳細報告了當時九龍城被攻陷的經過。威廉・堅吾是香港開埠期間的重要官員，也是香港第一任裁判司，並曾擔任過香港副總督，是當時在香港被譽為「中國通」的英國官員，港島中區的堅道就是以他的名字命名。威廉・堅吾在 1854 年 8 月 21 日的信中説：

> 　　本月 19 日，九龍城已被一群叛亂分子所攻佔。這群叛亂者幾乎都是客家人，而且大部分都是來自香港島及港島附近地區的石匠，又都是屬於三合會一支派的人物。但他們是不屬於南京方面的叛亂分子，也不屬於廣州的叛亂分子。
>
> 　　從昨天開始，已有數百人參加他們的行動，進攻時據說叛亂者死亡僅十二人，清帝國官兵死三人，傷十五人。城內的官員及時逃脱，傳説其中有官員逃到香港來避難。

　　堅吾這封發自 1854 年 8 月 21 日的信，已將羅亞添是三合會首領，以及他們是從香港出發進攻九龍城的真相説得很明白。但是何以後來會被歪曲為太平軍攻陷九龍城呢？這是因為三合會自稱為「洪門」。很多人誤會他們是洪秀全的門下士，於是便將他們稱做太平軍了。

　　關於清兵收復九龍城寨的經過，以及清兵收復九龍城的日期，劉蜀永在〈天地會攻佔九龍寨城史實考訂〉（文章刊於《近代史研究》，1987 年第 3 期，302 至 305 頁）中説：

　　經過考訂，對天地會起義軍攻佔九龍寨城一事，我們就有了比較準確和完整的瞭解。實際情況是 1854 年 8 月 19 日，以羅亞添為首的惠州天地會起義軍佔了九龍寨城，香港地區的勞苦群眾踴躍參加了這次戰鬥。三天之後，多數起義戰士出發前往攻打新安縣的軍事要地大鵬城，九龍城內僅留下起義戰士三百名。由於起義軍內部發生意見分歧，削弱了戰鬥力，清軍才借助於香港的外國雇傭軍，於 8 月 31 日重新佔領了九龍城。

　　照劉蜀永先生的考訂，認為九龍城寨被清兵收復的日期，不是《廣州府志》所說的 8 月 27 日而是 8 月 31 日，並且認為當時清兵是借助香港的外國雇傭兵之力收復的。他的考證，是根據當時西報的新聞記載，謂清朝官吏答應以四百元的代價由一群擅自對外國作戰者替他們奪回九龍城寨的。同時又據當時西報的記載，指出羅亞添率領部下進攻大鵬城。其後又向惠州鐵矢嶺進攻。

　　九龍城寨的收復要借助香港外國雇傭兵之力，是可信的。因為事件發生後，香港政府即於立法局通過《實施制止本港居民干預中國內爭條例》，這條法例就是因九龍城寨的失陷和收復都由香港發動起來，是以嚴加制止。這條法例稱為「1855 年第一號條例」，後來再於咸豐六年（1856）修訂，它被譽為對中國內戰嚴守中立的條例，該法例亦影響城寨派駐香港人員黃墨洲的地位。

# 收復九龍城的副將張玉堂

上一章曾引《廣州府志》有關咸豐四年閏七月初四（1854 年 8 月 27 日）由大鵬協副將張玉堂、都司譚蛟率兵收復被羅亞添攻佔的九龍城寨，這位駐九龍寨城的副將張玉堂，在九龍城寨內曾建一敬惜字紙亭，並寫有「鵞字石」和其他字跡。這些史跡現在已不存在，但有一物仍保存於附近的侯王廟內，那是一塊匾額，但已經殘缺不堪，上刻「備荷絣幪」四個大字。

文字大意是説，張玉堂在道光二十年（1840），曾奉林則徐之命，以前山寨參將的軍職駐守官涌炮台參加鴉片戰爭。到咸豐四年（1854）奉命收復九龍城寨，直到立匾的時候，轉瞬之間已十三年了，每次地方有事，都蒙侯王神恩庇佑，因此送匾酬謝神恩。這塊匾所記的年份是同治五年，即 1866 年。

關於張玉堂的事蹟，饒宗頤在《九龍與宋季史料》內，有〈附記清末大鵬協副將張玉堂事蹟〉，可供參考：

侯王廟現存古物，廟前有鐵香爐，為道光丁未仲秋九龍司信官許文深所立。此外有匾額多件，其中最具史料價值者，為同治五年署大鵬協副將張玉堂木匾。匾已殘損，題曰「□荷絣幪」（按：所缺之字即「備」字）。有跋記云：「道光廿年春二月，督師官涌」，「迄今二十餘載矣，逮咸豐四年春，捧檄九龍，瞬十三載」，「皆蒙神靈庇佑，默授機宜，一帶地方，均獲安靜，銘篆五

中」云云。（區文羅香林先生《大地勝遊記》頁 161 已錄出，有一二缺文，茲為補錄）。玉堂字翰生，廣東歸善人，由前山參將，調升大鵬協，曾代理水師提督，修虎門炮台，七十二歲退休，卒年七十六。此區跋言「年逾古稀，功成告退」，蓋同治五年，玉堂已七十二歲矣。玉堂擅拳書，侯王廟內露天壁間，猶有「壽」字行書遺跡，著有《公餘閒詠》二冊，《公餘日記》一冊，藏於家。其詩有云：「撥墨自從投筆後，拳書揮在督軍前。」日記謂拳書以棉花裹手書之。今澳門媽宮廟（按：即媽祖閣廟）旁有玉堂拳書「海鏡」二大字盈丈。清季大鵬協公署在九龍城寨鎮衙門，于日佔前仍存，後為天主堂老人院。（九龍寨城東門內，原有張玉堂建敬惜字紙亭一座，有碑記，今亦不存。）玉堂官此職，前後四任，歷十三年，為當日九龍租借與英時最高地方長官。許文深則首任九龍巡檢也。其行跡為言港九史者所宜知，故附記於此。

張玉堂在九龍城寨任職凡十三年，從咸豐四年（1854）春到同治五年（1866）底，在這十三年任期中，曾於咸豐九年（1859）捐廉購置一間舖屋租給土人，將所收的租款作為維持清理城內城外字紙的經費，並在城內建一座敬惜字紙處的建築物。由於這座建築物似一座亭子，人們稱為惜字亭，其實按照現存的照片，這座並不是亭，而是庭院式的建築物，可能後來塌去上蓋，只餘石柱，故而稱之為亭。關於這座建築物，潘孔言有〈九龍城惜字亭〉一文，略云：

富有歷史意味之九龍寨城，已於香港淪陷期中為敵軍拆毀，現在城中建築物猶有存者，惟都已丹青剝落，頹廢不堪，城北角之惜字亭，僅留殘址，尚幸碑銘猶在，作亭者誰，猶可按碑而得。查此亭成於清咸豐九年（按：西曆1859年），為署大鵬協副將張玉堂捐廉所建。張為武人而能文者，擅拳書指書，亭之柱聯及嵌壁題字碑銘等，皆其拳與指之遺墨也。張生平愛惜字紙，故建此亭，雇人沿街撿拾字紙而焚之於亭中，並自撰一銘以記建亭之緣起，此銘亦用指書，字體秀麗而靈活，有如龍蛇飛走，嵌之於亭之中央，幸無殘缺，惟已為棘叢所蔽矣。茲錄原銘如下，是亦九龍史料之一也。

〈敬惜字紙銘〉：文帝教人，敬惜字紙，陰騭文中，力闡厥美。自古名賢，惜者凡幾，食報榮身，實膺福祉。桂藉一書，彰彰可紀。乃有愚夫，任其拋棄，或拭灰塵，或包餅餌，或糊窗櫺，或置床第，甚至穢污，殘踏踐履。疾病災殃，其應甚邇。余本書生，投筆而起，雖云荒經，時還讀史，從仕卅年，謬膺重寄。敬字築爐，隨處悉備。茲任九龍，倍深克己，地逼夷棲，如履虎尾，篤敬可行，聞諸夫子，單騎赴盟，艱險不避。六載從公，冰淵自矢，戎政餘閒，偶遊村里，見字多遺，行行欲止，拾歸焚之，願稍慰矣。惟是四方，街衢巷市，撿拾需人，必求專理。披閱輿圖，有地尺咫，築舖捐廉，義學鄰比。龍泰為名，質租積累，撿字雇工，費出於此。督造雙爐，在寨城裏，外建一亭，重廊迴倚。

石柱雕簹，匠作豈侈，工人攜籃，往來迤邐，土掩沙藏，業殘破毀，撿拾勿遺，須惜寸暑。浣之香湯，晒之淨几，付之靈烟，歸之海涘。工如怠乎，吾則更爾，亭爐已成，私心竊喜，嵌壁大書，揮之以指，惜字有銘，莫嗤鄙俚。伏望群公，體僕斯旨，久而行之，功德無已。咸豐九年歲次己未仲秋署大鵬協副將張玉堂指書。

「按」銘中有「地逼夷樓，如履虎尾，篤敬可行，聞諸夫子，單騎赴盟，艱險不避」句，蓋對香港而言也，時香港已割歸英方，但九龍寨城仍得由中國設官管治，張副將即受命而來之守官，故有如是云云也。

張玉堂有計劃地派人到城外城內撿拾路上的字紙，送到所建的庭院去焚燒，它的原意除了認為字是聖賢所創，不應隨便踐踏之外，最大的意義還是清潔街道。張玉堂是希望用這種行動，勸人不要把紙字亂拋到街道上，故可稱為早期九龍寨城的一次保持城內清潔的運動。

張玉堂是由前山寨參將調駐九龍城的，前山寨是節制澳門的一座城寨，因此張玉堂在未調駐九龍寨城時，常到澳門公幹。他在澳門媽閣廟山上留下很多題刻，其中有一石刻在「海覺」石下，那是一首七言律詩，現錄出供讀者參考：

何須仙島覓蓬萊，海覺天然古剎開。
奇石欲浮濠鏡去，慈雲常擁鱟帆來。
蓮花湧座承甘露，榕樹蟠崖蔭玉台。
謹向名山翻妙筆，淋漓潑墨破蒼苔。

道光癸卯小春翰生張玉堂

道光丁未年（1847），
九龍司信官許文深所立
的鐵香爐，為侯王廟現
存古物之一。

建於咸豐九年（1859）的「惜字亭」，為大鵬協副將張玉堂所建。

**龍津石橋與早期城寨賭館**

香港在同治六年（1867）至同治十年（1871）曾大開賭禁，公開招標由商人承餉開設賭館，這是麥當奴（Richard Graves MacDonnell, 1866-1872）任港督期內的事。但到同治十一年（1872）又開始禁賭，那時在香港開賭的賭商，看中了九龍城寨，便來這裏開設賭館。

九龍城寨自建成城池之後，每天都有渡船往來於香港與九龍城之間，九龍城門口對開的海邊，早有碼頭供來往港九的街渡停泊，故可以招徠香港的賭客到城裏來賭錢。由於交通便利，吸引很多人到來賭錢，同時也吸引西人到九龍城遊覽。九龍城便因此成為一處「特區」，西人往來極為方便，而且也頗受歡迎。

由於歡迎西人來九龍城遊覽和賭錢，九龍城便成為西人賭命的地點。當時歐洲人流行一種賭命的風氣，就是在某一件事上，甲和乙相持不下，無法解決，就用決鬥的方法解決。這種決鬥就是賭命的一種，方法是決鬥的雙方各持一枝手槍，在公正人檢查過手槍內各只有一顆子彈之後，便對決鬥雙方說明：經過這次決鬥，無論對方死或傷，或者兩人皆死，兩人皆傷，或兩人都不受傷，所爭持的事，亦宣佈解決。說明之後，令雙方背向站定，由公正人發出號令。兩人隨即背道而行，各行二十五步。等到公正人數到第二十五步時，雙方一齊轉身開槍。倘兩人都不受傷，或其中一人中槍，事件便告了結。這就是當時歐洲人通行的決鬥方法。

香港法例是禁止決鬥的，因此凡決鬥，都到九龍城來，是以

九龍城除開賭之外，也成為西人的決鬥場所。

1872 年即同治十一年，當時任大鵬協副將的是一位姓彭的官員，是他才有權准許在九龍城寨內開賭的。彭副將能夠公開地開設賭館，當然是不屬於違法的行為。因為這座寨城的官員，具有特別的權力。

外國人到九龍城來決鬥，當然也是經過彭副將的許可才能成為事實。在 1872 年，城寨開設賭館後不久，即發生一宗西人在九龍城寨校場上舉行決鬥的事件。

在香港高等法院檔案中，有「芝嘉布因納」一案，此案發生於 1872 年，全案名為「芝嘉與布因納決鬥案」，案情曲折離奇，反映上個世紀七十年代在港居住的外國人的生活面貌，也反映九龍城的生活面貌。

1872 年 7 月 29 日，駐港西班牙領事芝嘉（M. L. Checa）和駐澳門秘魯領事布因納（M. F. Bueno）各隨親友浩浩蕩蕩，乘船到九龍城去，兩條船泊在九龍城前面的龍津埗頭上。芝嘉的親友隨着芝嘉登岸，布因納的親友隨着布因納上岸，一干人等即步行到相當於現時城南道的地點去。這個地點，當時是九龍城所屬的校場，土地平坦而廣闊。所謂校場，是清代一種特設的廣場，凡有城池及駐兵的地方均有。它的作用有二，其一作為操練軍隊之地，有時又用作比賽之地，例如軍隊中比賽射箭、馬術、武藝之類，因它有較量的性質，是以稱之為校場，這是校場命名的原因，也是主要的作用。另一作用則為行刑的刑場，凡被判死刑的重犯，都在這個刑場上執行死刑，由於清代是公開執行死刑的，故行刑地點，必須是一個廣場，可容納多人圍觀，故亦在校場行刑。

芝嘉和布因納都是西人，他們的親友也是西人，這陣子西人能到九龍城去，已說明這個地方是歡迎西人前來的。同時，他們也通過當時開賭的賭商向當地滿清官吏，借校場來使用。究竟他們到九龍城的校場來做甚麼呢？

原來芝嘉和布因納因賭錢而引起爭執，雙方都認為自己所持的理由充分，於是布因納向芝嘉挑戰，用流行於歐洲的決鬥方法解決問題。只因香港是禁止決鬥的，他們就決定到九龍城去決鬥，通過安排，擇定時日，乘船到九龍城去，在城外的校場上決鬥。

芝嘉和布因納各邀親友共同見證，並各舉一位公證人在場，先檢查兩枝手槍，每枝手槍各放一顆子彈，然後交給芝嘉和布因納，兩人持手槍，在校場中央背面站定，由公證人開始宣佈，兩人背道而行，各行二十五步，到第二十五步時，立即轉身放槍向對方射擊，無論中與不中，雙方的仇怨在此應告解決，生死各安天命，不得追究責任，宣佈了決鬥規則，及經兩人宣誓之後，公證人開始數步。一、二、三……兩人背道而行，一步一步移動，到第二十五步，芝嘉和布因納同時回身，向對方開槍射擊，槍聲同時響起，布因納的子彈射不中芝嘉，而芝嘉的子彈，射中布因納的左肩。芝嘉便率眾離開，乘船返港。布氏的親友中有醫生同行，立即上前為布氏療傷。由於子彈只在他的左肩擦過，傷勢並不嚴重，經止血及止痛後，布氏也由親友陪同，乘船返港。這件事能夠完整地保留至今，因香港高等法院曾關注此一事件。

原來，香港警方事後知道這件事，認為此風不可長。如果西人經常到九龍城去決鬥，歐洲人的形象將大受影響，同時對香港維持法治亦有問題，因此對芝嘉和布因納均提起公訴。馬沅在〈賭

博弈禁經過事略〉曾將這事被起訴的原因加以説明：

> 一八七二年八月廿五日高等法院嘗審理兩西人因
> 賭債決鬥事。事緣是年七月，有駐港西班牙領事芝嘉與
> 駐澳門秘魯領事布因納因賭債發生口角，各不相下，遂
> 以決鬥定雌雄。約定是月廿九日在華界九龍城地方舉
> 行，互邀親友蒞場見證。各給手槍一枝、子彈一顆，在
> 場中相背而立，由證人喝號。二人背道各行二十五步。
> 即轉身轟擊。布氏發槍不中，芝氏發槍中布左膊，芝遂
> 去，而布負傷非重，异下軍艦調治，旋亦告愈。此當日
> 決鬥之實情也。事後本港當道以二人在港地相約決鬥，
> 妨害法律，深恐此風一長，貽患無窮，乃出票拘傳二人
> 到案，並傳喚當日在場證人到庭審問。八月廿五日解送
> 高等法院審訊。結果，芝布二人各科罰金二百元。此種
> 決鬥，盛行於古代，惟近世法律昌明，雖有不共戴天之
> 讐，亦當訴諸法律，本港司法當道執行治罪。非關賭
> 博，蓋為制止此後之私人決鬥耳。

九龍城寨自開設賭館，吸引中西人士到來遊覽和賭錢之後，
已覺得原日的舊碼頭不足以停泊更多的船隻，而且更不能停泊較
大型的船隻，是以到了同治十二年（1873），便開始建造一座新的
碼頭，於光緒元年（1875）完成。這座碼頭長六十華尺，寬六華
尺，共設二十一條橋柱，以便停泊載客量多的大船，甚至可以停
泊火輪船。這座碼頭除了方便賭館的大船停泊外，自然也方便城

清末時期九龍城寨內的賭坊

自 1928 年起，龍津石橋即供往來香港、紅磡及九龍城的船隻泊岸之用。

內副將所轄的水師船停泊。加上同年粵海關為免鴉片烟走私，亦派緝私船到九龍城寨來，設立海關查稅。

同時，為了讓來往港九的賭客不致日曬雨淋，又在碼頭前建一座避雨亭。亭上題「龍津」二字。於是，這座亭子便叫龍津亭，而龍津亭進入寨城正門的一條路便叫龍津路。至於碼頭便因此稱為龍津石橋。由於碼頭用石築成，而且長如橋樑，故稱石橋。落成之日，刻石碑留念。這塊石碑，也稱〈創建龍津石橋序〉。碑文由何又雄書，冼斌撰文，碑文如下：

　　新安地瀕遐海，九龍山翠，屏峙南隅。環山居者，數十萬家。自香港埠開，肩相摩，踵相接，估船番舶，甲省東南，九龍趁集日夥。蜑人操舟漁利，橫流而渡無虛期。地沮洳阻深，每落潮，篙師無所逞。同治歲癸酉，眾釀金易渡而梁。計長六十丈，廣六尺，為礅二十有一，糜金錢若干，光緒乙亥橋竣。夫除道成梁，古王遺軌，然工程岔集，往往道潰於成，謀夫孔多，職此之咎。今都人士，一乃心力，以告厥成功，使舊時澱滓之區，成今日津梁之便，垂之綿遠，與世無窮。此豈地之靈歟？抑亦由人之傑也。

　　銘曰：叱黿橫漢，駕鵲凌霄，在天成象，在地成橋。杖擲虹飛，受書溪曲，抑桂攀丹，垂楊撲綠。斬蛟何處，騎虎誰人，高車駟馬，於彼前津。石昏神鞭，杵驚仙搗，乘鯉江皋，釣鯨烟島。帽簷插杏，詩思吟梅，風人眺覽，雪客徘徊。繫彼雌霓，臨江炫彩，矧此滄

溟，樓船出海。乃邀郢匠，乃命捶工，緪牽怪石，斤運
成風。投馬完隄，斷黿支柱，未雲何龍，屹立江滸。鹵
潮碧暈，鹹汐珠圓，魚鐙掩月，蟹火沉烟。黃竹肩箱，
綠荷包飯，彼往經營，此來魚販。蘭橈剪浪，桂枻凌
波，震天水調，月夜漁歌。陵谷雖遷，滄桑不改，鞏於
金湯，萬年斯在。

欽加道銜安徽廬州府知府，署鳳穎六泗兵備道，前掌
京畿道、江南道、湖廣道、監察御史，山西提督學政冼斌撰
補行己未壬戌恩科舉人南海何又雄書
廣東大鵬協鎮都督府彭
廣東大鵬協鎮中軍都閫府劉
署新安縣九龍分司巡政廳周
倡建
光緒元年歲次乙亥孟冬吉日勒石

　　這塊龍津石橋碑記上的倡建人，「廣東大鵬協鎮都督府彭」，
就是當年任職九龍城寨的彭副將，他是繼張玉堂之後任職的。至
於他的名字是甚麼？因缺乏文獻參考，便難再進一步查實。有人
疑即彭昭麟，但不敢證實。總之，這位彭副將就是批准在九龍城
寨開賭的官員。經營賭場的人是在香港承餉開過賭館的賭商。
　　九龍城寨的賭場是頗見設備華麗而環境安全的。它是一座永
久性的建築物，同時由於當地將軍負責治安，可保護賭客安全。
人們在這裏贏了錢後能平安返家，是以能吸引中西賭客前來投

注。這賭場開了二十多年，在此二十多年的賭場歷史中，華人到城裏賭錢而傾家蕩產的自然不計其數，西人到九龍城來賭錢以致身敗名裂的，見於本港法院紀錄中，亦有如下兩宗。茲引馬沅〈賭博弛禁經過事略〉所述的原文如下：

> 當九龍城未歸併香港管轄之時，一般賭徒，利用此地屬於華界，密邇本港，於是在此開設賭館。賭場林立，日常派人來港招客赴博。港地居民，因賭敗歸來，傾家蕩產者有之，作奸犯科者有之。類此事件，在一八九零年之間業已數數見，若是年四月新東方銀行西人職員約翰格利（John Gray）以賭敗虧空公款六萬餘元被逮解案，判處有期徒刑三年，此一事也。同年五月廿七日高等法院執達員葡籍人沙維亞將經手代收公款一千零五十六元乘假期之便赴九龍城付諸一博，盡傾其資，自顧無所抵償，迫得出於一走，逃匿澳門，卒被提解歸案判處有期徒刑一年又六月，此又一事也。因此之故，英廷於是年十一月十一日訓令香港總督，嗣後政府公務員如有私擅赴華界賭博者，一經查明應立行革退，當由政府佈告所屬人員週知在案。此例至今勉為有效之執行也。

關於葡人沙維亞在九龍城賭敗逃往澳門一案，對今日香港公務員亦產生了深遠的影響，這是〈賭博弛禁經過事略〉一文未及詳述的。查葡人沙維亞本來在澳門曾犯虧空公款案，其後潛逃來

港，並改了「沙維亞」這個名字在法院任職。他將法院公款挪往九
龍城賭敗後，在九龍城乘船往澳門，被澳葡政府捕獲審訊，判入
獄三個月。澳門警方通知香港警方，沙維亞出獄後可引渡回港受
審，所以沙維亞一案，曾引起英國方面關注。第一，是港府竟然
聘用一名外地的通緝犯為公務員；第二，是公務員到華界賭錢，
主管官員竟毫不知情，這是極大的疏忽。因此訓令港府，今後聘
用公務員必須嚴格審查他的身世、品行、思想。同時，凡公務員
到中國地方，必須向主管官員提出申請，待批准後始能前去。這
兩件事，至今仍在執行，但很多公務員都不知道其原因是和沙維
亞到九龍城賭錢有關。

當時九龍城交通極發達，有輪船開往澳門、廣州等地，沙維
亞就是乘輪船逃往澳門的，經營九龍城輪船運輸的公司是南國輪
船公司，該公司的東主姓鄭，曾捐款給滿清政府，獲贈三品頂帶。

光緒十八年即 1892 年，九龍城的龍津碼頭又因淤泥壅塞，不
能停泊輪船，於是要將橋加長並加闊而成一座 T 字形的碼頭。當
時南國輪船公司亦有捐款建造。關於建築這座碼頭，亦有碑刻豎
立在龍津亭上；碑石名為〈續築龍津木橋記〉，碑文如下：

　　天下事有致力於此而收效輒及於他事者，其機不
數覯，要惟好行方便者往往得之。九龍濱海龍津石橋，
創於同治癸酉，問津者咸便利之。顧地為巨浸所朝宗，
潮汐往來，沙磧多停蓄，自成橋後，歲月積漸，滄桑改
觀，邇來橋之不逮於水者，殆猶今之視昔焉。於是商於
是地者，謀所以善其後也，仿招商局碼頭之制，續作橋

四丈，又於其端為丁字形，寬一丈二尺，其製精而其費
較省，且易石而木，泊船時亦無兩堅激撞之患，其為用
亦更適，計縻題捐洋錢一千七百有奇。至渡港小輪船以
斯橋之利其載運也，每船願月輪碼頭租銀若干。會樂善
堂施濟所需，捐款不恆，至僉謂碼頭租款宜屬之樂善
堂，永資挹注，蓋藉斯地之財，即以濟斯地之用，實一
舉而兩善具焉。昔莊子有言：以鹵莽耕者，天即以鹵莽
應之；茲則以方便行者，天亦以方便應之，人事所感，
即天心所感，即天心所錄，斯可以識其大凡矣。是不可
以不記。且為之銘曰：長虹飲川，波湧雲屬，架木為
樑，用拴黿足。如雁齒之平，匪鼍脛之續，資沾溉夫善
堂，樂斯人之得欲，合藏市以出塗，慰成功而相告，銘
貞石以勵來茲，擬郇閣之頌於蜀。己卯科舉人揀選縣知
縣麥拔愷謹撰。光緒十八年歲次壬辰仲秋吉旦。

　　倡建人計開：

總鎮銜署廣東大鵬協鎮都督府吉

署理廣東大鵬協辦鎮府承襲雲騎尉陳

一等寶星三品九龍關柏

廣東大鵬協鎮中軍都閫府陳

調署新安縣九龍巡政廳南海縣右堂周

廣東大鵬協左營中軍守府成

署廣東大鵬協鎮右營守府補用都府方

欽加三品銜管帶南國輪船鄭

………

　　從碑記中可以看到，當時這座碼頭的捐款人有南國輪船公司，並且知道這碼頭的收入，是撥給九龍城樂善堂作為善款的。這一塊碑說明碼頭的收益人是樂善堂，因此後來在 1928 年拆龍津亭和龍津碼頭的時候，香港政府便要賠償一筆經費給樂善堂。

　　這塊碑文又有一點要說明一下。在光緒十八年（1892）間，粵海關曾和港英當局討論在九龍設海關，以便檢查來往船隻的貨物。故捐款建橋人名中有「一等寶星三品九龍關柏」，這塊碑文可參訂馬灣的〈九龍關借地七英尺〉碑。

〈九龍關借地七英尺〉碑

# 九龍城與整頓粵海關稅務

九龍城寨的前期歷史，已如上述。到了光緒二十四年（1898），由於英國要求租借深圳河以南及離島的所有島嶼，遂通過英駐華公使竇納樂，要求簽訂《展拓香港界址專條》，中國方面堅決訂明九龍寨城不入租地範圍，因此九龍城寨的地位，就揭開了新的一頁。

上一章約略談到中國粵海關在九龍設立海關，當時的九龍關總辦事處準備設在九龍寨城，分巡的關卡準備設在馬灣和佛頭洲，但是如果沒港英當局的協助，這個九龍關仍是難以撲滅私梟的走私行徑的。竇納樂當時是用幫助中國整頓稅務為餌，作為取得新租借地的代價。竇納樂所謂整頓稅務的方法，其實是很簡單的，就是由香港政府規定所有進出香港的船隻，必須將運出口和輸入本港的貨物，向香港海關申報。如出口運往中國的貨物，香港海關則向粵海關提供「報關紙」，粵海關便可依據「報關紙」待船到達口岸時檢查抽稅。至於由中國輸來香港的貨物，香港海關檢查船東的「報關紙」，便知這些貨物是否走私。若是走私則控告於法庭。這樣就可以遏止走私活動而達到整頓稅收的目的。

香港嚴格執行「報關」制度，是在租借新界之後開始的。由於九龍城寨原擬設九龍關辦事處，以及中國要保留九龍寨城，不將其劃入租借地範圍內，故當時北京的總理衙門曾有奏摺向光緒皇帝報告，奏摺附載於《清末對外交涉條約輯》第二冊光緒朝。該奏摺云：

奏為英國擬拓香港界址議訂租章，請旨派員畫押。

恭摺，仰祈聖鑒：事竊英俄素相猜忌，自俄租旅大後，英即思在中國渤海上游借備口岸，以為屯泊兵艦之所，期可制俄。因日本退還威海衛有期，英使臣竇納樂於本年三月初十、十二等日，來署面商接租威海，其租章仿照旅順辦理。旋又因法租廣州灣之議已定，竇納樂復疊次來署涵議，請展拓香港後面之九龍地方，以為保衛香港之計。臣等再三駁斥，而竇納樂聲稱：在英國議院本意，原議在浙江之舟山及福建一帶，圖佔口岸，以保利權。因體念中國為難情形，只於原有之香港展拓界址。上年曾經駐廣州英領事向粵省商及等語，臣等以展租界址與另佔口岸不同，允議。暫租專條尚可操縱自我，仍留九龍城及原舊碼頭，以便文武官員駐紮，兵商各船往來停泊，及他日自造鐵路根據。且香港英官原允幫助中國整頓稅務，亦可趁機議明，實力相助。經臣等疊與竇納樂面商，彼此已將條款定妥，並允將相助稅務一節，另行照會存案。其九龍界址仍聲明由兩廣總督派員與香港總督再行畫分，除英租威海，俟妥訂條款，再行請旨外，謹將英拓香港界址專條，敬繕清單上呈御覽。如蒙俞允，並請簡派大臣與竇納樂訂期畫押，彼此互換。所有英國擬拓香港界址，各緣由理合恭摺具奏，伏乞皇上聖鑒訓示。

謹奏。

光緒二十四年四月十八日奉硃批依議欽此

　　這奏摺除強調九龍城寨仍然保留之外，並兩處提及整頓稅務，其中整頓稅務一節，就是香港執行「報關」制度。

　　為了讓歷史文件保存完整，這裏亦將中英《展拓香港界址專條》原文刊出：

## 中英展拓香港界址專條
### 光緒二十四年六月二十一日在倫敦互換

　　溯查多年以來，素悉香港一處非展拓界址不足以資保衛。今中英兩國政府議定大略，按照黏附地圖展擴英界，作為新租之地。其所定詳細界綫，應俟兩國派員勘明後再行畫定，以九十九年為限期。又議定：所有現在九龍城內駐紮之中國官員，仍可在城內各司其事，惟不得與保衛香港之武備有所妨礙，其餘新租之地專歸英國管轄。至九龍向通新安陸路，中國官民照常行走。又議定仍留附近九龍城原舊碼頭一區，以便中國兵商各船渡艇任便往來停泊，且便城內官民任便行走。將來中國建造鐵路至九龍英國管轄之界，臨時商辦。又議定在所展界內，不可將居民迫令遷移、產業入官。若因修建衙署、築造礮台等官工需用地段，皆應從公給價。自開辦後，遇有兩國交犯之事，仍照中英原約香港章程辦理。查按照黏附地圖所租與英國之地，內有大鵬灣、深圳灣水面，惟議定該兩灣中國兵船無論在局內局外，仍可享用。

　　此約應於畫押後自中國五月十三日，即西曆七月初

一號開辦施行。其批准文據應在英國京城速行互換。為
此，兩國大臣將此專條畫押、蓋印，以昭信守。

　　此專條在中國京城繕立漢文四份、英文四份，共
八份。

<br>

大清國　　　太子太傅文華殿大學士一等肅毅伯李
　　　　　　經筵講官禮部尚書許
大英國　　　欽差駐劄中華便宜行事大臣竇
　　　　　　光緒二十四年四月二十一日
　　　　　　西曆一千八百九十八年六月初九日

<br>

　　這條約有兩段反覆說明九龍城寨的主權問題，可見當時滿清
政府的訂約官員，是極重視九龍城寨的主權問題的。至於為甚麼
中國訂約官員要保留這個小小的城池，下一章當詳為討論。

# 清政府保留九龍城的原因

關於當時滿清政府和英國訂立《展拓香港界址專條》時，為甚麼要特別指定九龍城寨這個小城不在租借範圍之內？歷來學者都認為這是個難以理解的問題，有些學者甚至認為這是訂約官員要維持一點點「體面」。但是，英國當時是無須給予「體面」的。那為甚麼又肯答應把九龍城寨剔除於租界之外呢？實際上，這是個極有趣而又極有意義的問題。

要尋求答案，只有用尋根的方法，追溯清代租借地和收回租借地的歷史，才能明白當年中英雙方承認九龍城寨特殊地位的原因。考清政府最初以領土借給外國人，是光緒九年九月初三日（1883 年 9 月 21 日）和沙俄劃定中俄塔爾巴哈台西南邊界時提出的。當時中俄劃定西南邊界，其中屬於塔爾巴哈台界內，有個草原，位於巴爾魯克山一帶。這塊土地，早已被俄國的哈薩克族牧民佔據。但在劃界的時候，這塊巴爾魯克山草原，是屬於中國領土，即在中俄邊界的中國界址之內。但是俄國認為難於立即將全部哈薩克族牧民遷回俄國界內，因此強迫清政府將該地借給俄國，為期十年。十年之後，才將哈薩克族牧民遷回境內。這是中國借地給外國及日後收回借地之始。

因此，在中俄訂立《塔爾巴哈台西南界約》時，在界約的第四條中，特別提出借地十年的條款，但在訂約時，避免使用租借的字眼，該約第四條原文云：

　　查從前巴爾魯克山內，及塔屬各處駐牧俄屬哈薩克等，因為利己，未令中國官員管轄，亦未交稅。今議定此約後，其巴爾魯克山及塔爾巴哈台所屬地方，仍屬大清國地方，即令該哈薩克等遷移俄國之地亦屬礙難。今換此約日起，其巴爾魯克山之哈薩克，予限十年，仍舊巴爾魯克山內游牧。俟限滿後，兩國官員如不另行商辦，則即將該哈薩克遷往俄國地方。十年限內，中國官員將中國人民毋庸遷住巴爾魯克山內，亦無須設卡。除巴爾魯克山哈薩克外，其餘塔爾巴哈台所屬各處駐牧哈薩克等，即欲遷住俄屬地方亦屬礙難。今換此約日起，亦予限一年，其一年限內，令將該哈薩克照舊原處游牧。俟限滿後，即將該哈薩克遷移額米爾河迤南及巴爾魯克山內，或俄國所屬地方。

　　這塊領土，到了光緒十九年（1893），已到十年期滿，清政府便要派員和俄國商量收回借地。但是當時俄國諸多推搪，最初要求續約十年，後來又討價還價，減為續約三年。關於這次收回借地的麻煩，可見於當時奉命收回借地的伊犁將軍長庚的奏摺。該奏摺云：

　　奏為俄人歸還巴爾魯克山借地辦理情形恭摺。仰祈聖鑒：事竊查光緒九年九月初三日，伊犁參贊大臣升泰與俄官議分塔城西南界約，第四條內開巴爾魯克山內駐牧俄屬哈薩克等，未令中國官管轄。今換此約起，予限

十年，仍在巴爾魯克山內游牧。俟限滿後，兩國官員如
不另行商辦，即將該哈薩克遷住俄國地方。十年限內，
中國人民毋庸遷住巴爾魯克山內等語。計自光緒九年九
月起，扣至十九年九月，十年限滿。先於十七年四月初
三日，准軍機處鈔交塔爾巴哈台參贊大臣額爾慶額，奏
請先期行文俄國駐京使臣，將該哈薩克陸續遷移。臣等
即函致出使俄國大臣許景澄，照會俄外部如期交還借
地。迭經許景澄催詢，外部據覆電令駐京使臣商辦。
十八年四月，據俄國使臣喀希呢照請，再借十年。如允
展借，彼國可准伊犁塔爾巴哈台華民在七河斜米□省自
取鹽斤，並准該處華民由察罕鄂博任便出入，用以酬
答。意在借此延緩，以遂其久假不歸之計。臣等仍照約
駁覆，並迭次催令如限歸地。……其後該領事復力求展
借三年。限至光緒二十二年八月初三日，准將借地退還
中國，不再商辦。……當飭英林力持限滿不遷，即照人
隨地歸之約辦理。經領事屢電鄂穆斯科總督酌定，俄督
覆電：須再讓十年。英林未允。現准俄督覆電如僅三年
限滿可不必借等語，因此借地三年之事作為罷論，蓋彼
恐限滿人隨地歸轉致去人，是以不復借地。此案始終皆
賴扼定人隨地歸之約，幸能得手。現在全山收回，文約
已經換定。……

原來，中俄在同治三年（1864）訂立勘界條約時，有「人隨地
歸」的規定，這是由於劃定邊界的時候，避免引起混亂。邊界一

經劃定，屬於中國境內的居民，即為中國公民。即使這些人是俄羅斯人，也入中國國籍。同樣，劃界時在俄國界內住牧的人，即屬俄國人，即使這些人的血統是中國人，也隨之而為俄人。這叫做「人隨地歸」。當時負責和俄國官員商議收回借地的道員英林，就是根據這條條約，提出同意續借巴爾魯克山一帶領土三年的，但在訂約時，要訂明「人隨地歸」的條款。俄國不想把自己的公民變為中國公民，只好依期交還借地。

　　談到這處，我們應當發現前人未曾發現的一些事實，就是清政府雖然喪權辱國，但是辦事的官員，並不是完全沒有愛國心和外交的智慧。這些訂約的官員，明知弱國無外交，但也盡量運用他們的技巧，令到國家少受一些損失。但見很多研究中國近代史的人，把所有簽訂不平等條約的滿清官員都罵之為賣國賊，這是犯了「一刀切」的毛病，也忽視了他們有些人也是懷着沉痛的心情，被愚昧的皇帝和大臣迫令草擬不平等條約的。但他們在訂約時，絕對不是以賣國賊的心態訂約，而是懷着盡量避免國家受損失的心情訂約。假若不了解這一點，便無以了解何以會特別提出九龍城寨不在租界之內。

　　為了讓讀者了解訂約官員的智慧和他們的外交技巧，特將同治三年（1864）所訂的《中俄勘分西北界約記》的關於「人隨地歸」的條款錄出，以供研究。該約第五條云：

> 　　今將邊界議定，兩國永固和好，以免日後兩國為現定邊界附近地方住牧人丁相爭之處，即以此次換約文到之日為准。該人丁向在何處住牧者，仍應留於何處住

牧，俾伊等安居故土，各守舊業。所以地面分在何國，
其人丁即隨地歸為何國管轄，嗣後，倘有由原住地方越
往他處者，即行撥回，免致混亂。

這些條文是訂約官員具有高度的智慧和技巧的明證。我們看
得出，這是提防劃界之後，俄國把大量俄人越界遷入中國領土，
將來又提出新的邊界。約中有「所以地面分在何國，其人丁即隨
地歸為何國管轄」文句，憑此可以杜絕俄國利用大量移民的方法，
把其邊界逐漸地伸入中國領土去。而這一條，又成為二十多年後
收回巴爾魯克山借地的依據。因此，我們能夠罵訂約的官員都是
賣國賊嗎？相反，我們是應該佩服他們的遠見！

經過收回巴爾魯克山借地的經驗，自此以後訂立借地條
約，訂約官員也繼承了這些智慧和技巧。在訂立借地條約時，
即考慮到期滿後收回借地時免致發生困難。光緒二十四年三月
初六日（1898 年 3 月 15 日），俄國租借旅順和大連，訂立《旅大
租地條約》時，中國特別於條約內指定金州城不入界內。當時沙
俄要將遼東半島大片土地劃入借地之內，金州城在借地的中央地
帶，這就是為了將來借地期滿時，能順利收回借地的部署。我們
看看第四款的條文：

俄國國家允中國國家所請，允聽金州城自行治理，
並城內設立應需巡捕人等。中國兵應退出金州，用俄兵
替代。此城居民有權往來金州至租地北界各道路，並日
常需用。附城准俄國享用之水，但無權兼用海岸。

　　因此，到了同年（1898）6 月中英訂立《展拓香港界址專條》時，也將九龍城和金州同等看待，是以該專條中列明：「所有現在九龍城內駐紮之中國官員，仍可在城內各司其事，惟不得與保衛香港之武備有所妨礙。」而同年 10 月中英訂立《訂租威海衛專條》時，也有同樣性質的條文。其中有「又議定現在威海衛城內駐紮之中國官員，仍可在城內各司其事，惟不可與租地之武備有所妨礙」。這些都是當時訂約官員，繼承了租借巴爾魯克山和中俄勘界條約的精神，為將來收回租地，以及使國家盡可能減少損失而作的努力。

　　至於英國為甚麼也答應在《專條》內加入有關九龍城的條款，以及在租威海衛時，也加入威海衛城的特殊條款呢？這是由於列強對中國的無理要求，有「一體均沾」的制約。俄國租借旅大的遼東半島在先，旅大的條約訂明金州城內中國官員仍司其事，則英國不能不答應九龍城和威海衛城的中國官員仍可各司其事。

　　九龍城寨不列入租地範圍內所產生的作用，比訂約時官員作為便於期滿收回租地的作用為大，它成為香港是中國領土的活的標誌。不論是香港人還是外國人，只要看見九龍城的存在，就不能不承認香港是中國的領土，這是九龍城寨存在的歷史意義。

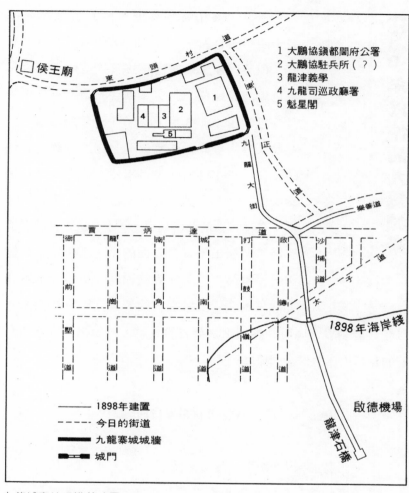

1　大鵬協鎮都閫府公署
2　大鵬協駐兵所（？）
3　龍津義學
4　九龍司巡政廳署
5　魁星閣

九龍城寨地理沿革略圖

**1899 年以後的九龍城寨**

中英《展拓香港界址專條》雖然在光緒二十四年四月二十一日（1898 年 6 月 9 日）簽訂，但英國還未能在當年接管這些地方，因為租借地的界綫還未劃定。到了光緒二十五年二月八日（1899 年 3 月 19 日），清政府派道台王存善來港，會同當任輔政司駱克進行劃定界綫的工作。王存善的隨員是祺威，駱克的隨員是蔡毓山。他們在劃定界綫之後，簽訂了一張合同，名為《香港英新租界合同》。這張合同在簽署時，蔡毓山是香港方面的見證人。這位蔡毓山是當時駱克接管新界的顧問，他將全部有關九龍城寨和新界各鄉村的資料向駱克提供，是以在簽訂劃界合同時，蔡毓山是英方的見證人。而祺威則為清政府的見證人。這份合同原文如下：

### 香港英新租界合同

北界始於大鵬灣，英國東經綫一百一十四度三十分，潮漲能到處。由陸地沿岸直至所立木樁，接近沙頭角即土名桐蕪墟之西，再入內地不遠，至一窄道，左界潮水平綫，右界田地，東立一木樁，此道全歸英界，任兩國人民往來。由此道至桐蕪墟斜角處，又立一木樁，直至目下涸乾之寬河，以河底之中綫為界綫。河左岸上地方歸中國界，河右岸上地方歸英界。沿河底之綫直至

逕口村大道，又立一木樁於該河與大道接壤處，此道全歸英界，任兩國人民往來。此道上至一崎嶇山徑，橫跨該河，復重跨該河折返。該河水面不拘歸英歸華，兩國人民均可享用。此道經過山峽，約較海平綫高五百英尺，為沙頭角、深圳村分界之綫。此處復立一木樁。此道由山峽起，即為英界之界綫，歸英國管轄，仍准兩國人民往來。此道下至山峽右邊，道左有一水路達至逕肚村。在山峽之麓，此道跨一水綫，較前略大，水由梧桐山流出，約距百碼，復跨該水路，右經逕肚村抵深圳河，約距逕肚村一英里之四分一。及至此處，此道歸入英界，仍准兩國人民往來。由梧桐山流出水路之水，兩國農人均可享用。復立木樁於此道盡處，作為界綫。沿深圳河北岸，下至深圳灣界綫之南，河地均歸英界。其東西南三面界綫，均如專約所載。大嶼山島全歸界內，大鵬、深圳兩灣之水亦歸租界之內。

光緒二十五年二月初八日

一千八百九十九年三月十九號

見證人

王委員存善

駱輔政司

蔡毓山

祺威

　　王存善來香港劃界時，曾到九龍城寨和文武官員會面。這是一個極重要的會議，因為城內的文武官員所管轄的土地、島嶼、海域全部已劃入租界之內。那末，這些官員仍駐守這個小城幹甚麼？王存善當時的任務，除劃定界址之外，也有協助交接管地的責任。由於九龍司巡政廳所管的二百條鄉村已屬租界，他已失去駐在九龍城寨的作用。因此他先行主張九龍司調回新安縣城去。駐於大嶼山東涌守衛所的守備，以及各汛地的把總、外委等，也調到大鵬城去，他要駐在城寨的大鵬協副將方沿，留下來協助英方接管各離島和鄰近的地區。據王存善的意思，將來大鵬協副將在協助英方接管各地之後，也撤出九龍城寨，到時再由廣東省政府決定派甚麼職位的人駐守城寨。

　　因此，英國在 1899 年 3 月 19 日劃界之後，接管各離島均非常順利。那時九龍城寨的副將方沿，成為駱克接管各地區的聯絡員，但是當接管大埔、錦田、青山、屏山、元朗等地區時，遇到當地鄉民的反抗。駱克在率兵乘艦去大埔進行鎮壓之前，也先到城寨去和方沿會談，要求他協助接管。方沿也答應協助，但是，他表示內陸上有些鄉村不屬於他管轄，未必能夠控制。根據最近才公開的《駱克報告書》所載有關當時英方接管新界的文件透露，方沿在駱克於屏山鎮壓鄉民反抗時，已乘水師船到青山灣去。他當時是乘船返虎門向他的上師提督請示的。是以，在英方接管新界的事件平息之後，九龍寨城已沒有一位有權力可代表清政府的官員駐守。

　　大鵬協副將，是相當於一位旅長；九龍巡檢司，相當於縣屬的一個專區的專員，他們的權力，是管理廣闊地區的。光緒

二十四年（1898），所有九龍地區都劃入香港版圖，只保留一個孤城，自然用不着派一旅的軍隊到來駐守，也用不着派一位專員到來，因事實上這個小城，也無需這麼多人來保護。故自光緒二十五年三月二十一日（1899 年 4 月 30 日）以後，實際上九龍城寨是沒有巡檢司和副將在城內執行職務。當時只有一部分小官員和捕快之類的官員在城內，他們是作為新安縣留在城中，保護城內居民及維持城內治安的。到了同年 5 月 15 日，香港當局派英兵入城寨。城裏的小官員害怕起來逃出城外，當時英國看見城內已無中國官員，亦曾想接管該城。

光緒二十六年六月十日（1900 年 7 月 17 日），李鴻章經香港北上，和當任港督卜力會面。他向卜力指出，英國既和中國簽訂了條約，就應該尊重條約，如果英國不遵守條約，不遵守保留九龍城在條約所定下的地位，後果是不堪設想的。這就是很多外國史學家所提及李鴻章過港時曾談到九龍城問題的原因。

經過這一次會面，英國始終不敢強行管治這個小城。但是，這個小城日後成為英國對中國新政權「探風」的試金石。

民國成立後，新安縣改稱寶安縣，當時寶安縣曾派員管理九龍城寨，但被香港政府阻止。民國初年，因中國實際上是軍閥割據，對這小小的一座孤城，誰也不敢插手。在 1925 至 1927 年大革命時期，人民反帝浪潮高漲，英政府亦沒有餘暇去理會這座小城，因此城內的一切，都保留着辛亥革命時期的狀態。

由於國內動亂，來港謀生的人與年俱增。到 1930 年後，九龍城寨的居民，已不止初時的六十四戶和四百六十三人，屋宇已經多達百餘間，居民已近二千人，這是因為土地易得，建築不受限制。

昔日九龍城寨內的街道

　　1933 年 6 月 10 日，新界南約理民府派員到九龍城寨內張貼告示，謂政府要發展這個地方，為照顧當地居民起見，特地撥出狗虱嶺一地，作為他們建屋居住之用，限於 9 月之前，遷出該處。每戶補回足夠的建屋費，叫居民放心遷出，到理民府去登記。但是當時城內的居民，沒有理會這張告示。原因是：狗虱嶺離九龍城太遠，所謂狗虱嶺，就是現時慈雲山新區附近的山邊。1933 年的公共交通落後，把居民遷到該處去，無異是趕他們到「絕龍嶺」去。

　　同時，原住於九龍城寨內的居民，他們是知道九龍城寨的特殊地位的。這張告示，無異表示不願維持現狀，因此居民用「快郵代電」的方式，向廣東省政府請願。

　　當時甘介侯是外交特派員，他只是向英政府問了一句話：請問貴方是想保持現狀，還是想撕毀清朝的條約？就是這一句話，南約理民府便不再強行限令居民於 9 月遷出了。

　　然而三年之後，由於日軍在華北發動戰爭，國內經濟不景，大量人口流入九龍城寨，搭起木屋和簡陋的石屋居住。這一來，衛生環境自然惡劣，當時霍亂症流行，港府認為有制止人們在城內再搭屋的必要，於是派出英警二人、華警二人、拆屋人員五名，入城先行試探，拆去新建的磚屋一間，這間屋的門牌是龍津路二十五號。

　　當拆屋的時候，二十五號屋附近的居民，便敲打面盆大叫大嚷，居民紛紛聚集起來，那兩位英警和兩位華警，見情勢不妙，急忙與五位拆屋員工離去。但這件事，九龍城寨居民認為不是拆去一間屋那麼簡單，因此召集會議，選派代表，立即採取行動，

1910 年的九龍大街,圖左見有三座面海的大炮。

1914 年的九龍城寨。圖左為廣蔭院(老人中心前身),右方照壁後面即為三聖廟改成的天國救道堂所在。

保護自己的家園。

拆屋的日期是 1936 年 12 月 29 日，時間是上午 9 時 30 分。當時居民選出代表兩人，一名盧章，一名楊偉雄，他們首先請攝影店派人來拍攝被拆的二十五號屋的照片作為證物，然後用長途電話向當時廣州的兩廣外交特派員刁作謙報告此事的經過，請求協助解決。刁作謙於 12 月 31 日，到廣州沙面英領事館去和當時的英領事費理伯談判。

31 日那天，九龍城寨居民代表盧章和楊偉雄已到廣州，他們先到省府去請願。當時廣東省政府主席是黃慕松，由秘書岑學呂接見，接受請願書。然後，他們又向刁作謙請願，也由秘書凌士芬接見。下午舉行記者招待會，公佈他們請願的內容：一、請向英國提出嚴重抗議；二、請向英政府要求保證以後不作同樣行動；三、請求賠償已被拆去的屋宇的損失。

當時並無甚麼結果，只是以後就不再見到有人入城拆屋，雙方也不了了之。不久七七蘆溝橋事變爆發，日軍攻陷廣州，九龍城寨問題已無暇考慮了。

到了 1941 年 12 月 25 日，日軍佔領香港。當時的日本軍國主義者並不把香港和九龍當作中國地方來看待，故把這個地區稱為「佔領地」，另派一位總督來治理。日軍派的「總督」是磯谷廉介。基於這一點，日軍便不必理會九龍城寨的特殊地位，把九龍城寨的城牆拆去。

九龍城寨的城牆，是用大石築成，那些石塊整齊而完好，是現成的建築材料。日軍要把啟德機場擴大為軍用機場，就用這些石塊來填築地基。九龍城寨的城牆就是在這時候被拆走的。

　　城牆既被拆走，彷彿所有的界址都不存在了，於是 1948 年便發生了戰後第一次「九龍城事件」。這一次事件，前後糾纏達三個月之久。

　　事件的背景是這樣的：第二次世界大戰後，英國和中國都是戰勝國。蔣介石和邱吉爾，於德國投降之後，與羅斯福於德黑蘭舉行會議，這個「蔣羅邱會議」表面上是決定要日本無條件投降，但實際上，是蔣介石在會議上向英美承諾他們在中國仍擁有特殊的勢力。根據邱吉爾的回憶錄所透露，香港及九龍仍由英國統治，故戰後英國即重來香港，從日軍手上接管治權。

　　中國既是戰勝國，但戰勝之後，國家主權仍未完全恢復，國內人民情緒不易平息。因此，當時國民黨政府有意在九龍城寨內恢復治理主權，準備從寶安縣派人到九龍城寨行使職權。

　　另一方面，香港政府亦覺得九龍城寨的城牆已經拆去，這地方亦應該由它治理。在這種歷史背景下，就引起了一次哄動國際的「九龍城事件」。

　　1947 年 11 月 27 日，港府通知九龍城寨內所有新建木屋，限於兩星期內拆去。當時國民黨特派員郭德華在報章上發表意見，表示異議，認為港府無權干涉城寨居民的生活。

　　當年 12 月 5 日，港府亦發表聲明，謂歷來政府對九龍城寨均行使管理權，直接駁斥郭德華的議論，而措辭是相當強硬的。

　　故此到了 12 月 16 日，港府向法庭申請，要求法庭頒令九龍城寨的居民，必須遷出該地。

　　1948 年 1 月 5 日，港府執行法庭的命令，實行武力強迫拆屋。大隊警察，帶了盾牌和鋼盔，到九龍城寨強拆木屋逾四十

1932 年的九龍灣。圖上方為九龍城寨，右下方是啟德機場。

1937 年的九龍城寨，城內遍佈菜園。

間。6 日，又繼續拆去三十間屋，共拆去七十餘間。

　　1 月 5 日所拆去的都是木屋，但 1 月 6 日所拆的，就不限於木屋了。其中有很多是歷史悠久的磚屋，其中一間，是曾家世代所居的祖屋，雖有八十多年的歷史，但也不能倖免。顯見港府拆屋的目的，不在阻止新建的木屋繼續蓋搭，而在於強力行使一種歷史上未嘗使用的權力。

　　兩天的拆屋行動，未遇到反抗，但是 1 月 7 日，寶安縣長突然到九龍城寨，向當地居民展開慰問，特別對那些無家可歸的居民表示關懷。

　　寶安縣長到九龍城寨慰問被拆去居所的居民，顯然已表示寶安縣沒有放棄對這塊小小的土地所承擔的責任。但當時港府顯然漠視這一行動的意義。故此又在 1 月 12 日再派更多的軍警，配備更多的武裝，以更強大的陣容進城寨拆屋，大有準備鏟平這地區上所有建築物之概。

　　城寨內的坊眾已忍無可忍，城寨外的街坊亦深表不滿，於是釀成了一場流血的抗暴行動。

　　群眾以石塊、磚頭向拆屋的人員攻擊，警察向人群開槍，一時秩序大亂。這次事件，被槍傷的居民六人，其中一人重傷。被警察強行拘捕的有兩人，這兩人於次日即提交法庭審訊，並立即判以苦工監三個月的徒刑。

　　事態發展到這地步，立即激起了全國人民的憤怒，各地都舉行集會，抗議英政府這一行為。1 月 16 日，廣州市全市學生舉行大示威，到沙面英國領事館去抗議，當場扯下領事館的英國旗，並且衝進去，搬出使館內的傢俬，在門外焚燒。當時各國駐

中國的記者，都有電報拍返他們的通訊社，遂引起全世界注意這一件事。

當 1 月 12 日拆屋引起騷動傷人，及 13 日判決被捕居民二人徒刑三個月的時候，中國駐倫敦使館，已向英國提交備忘錄，向英國外交部提出四點注意事項。但英國外交部通通不答覆，才會釀成 1 月 16 日的「沙面英國領事館事件」。

自「沙面英國領事館事件」發生後，港府再未派人到城寨拆屋。因為當時，很多團體都組織慰問團進城慰問，漸漸已形成一種運動，若再繼續拆屋，將使社會更不安定。

有兩份歷史性文件，是這一次戰後有關九龍城寨地位問題的外交文件，其一是英國外交部對「九龍城事件」致中國大使館的文件，另一件是當時國民黨政府駐英大使鄭天錫給英國政府的照會。文件原文極長，特將其中要點，略述於後：

英國政府致送的文件，係於 1948 年 1 月 24 日發表，開頭寫道：

> 大使閣下：查貴大使最近迭次照會關於勒令擅居九龍舊城佔居公地者遷移事，一月十三日又承貴大使參事官，以備忘錄送到本部，列舉四點，提請注意。

接着，是關於九龍城寨地位問題，文件原文有如下的字句：

> 查關於九龍舊城治理權問題，貴國政府與本國政府向持分歧見解。諒貴大使亦有同感。本部長於此不擬討

論及之。惟乃欲指陳，除由一九四一年十二月廿五日至
一九四五年九月期間外，事實上香港政府在該六英畝半
之九龍舊城地方，由一八九九年起，從未間斷行使其完
整之治理權，迄今幾已五十年矣。

這些字句，顯然不符事實，但外交文件，總是要引些事實予
以證明其不斷行使治權的事實。

英國的說法，是說除了日軍統治香港時期之外，九龍城寨的
治理權，一直由香港政府行使，它舉出的事實如下：

　　查該地原有中國居民約六十五名，除三或四名外，
彼等於一九三五年至一九三七年，業經自動遷入香港政
府予以交換及改良之住所。迨英軍光復香港時，獲悉日
人經將城牆拆毀，將應得物資以助建啟德機場，並已有
人擅佔該地。嗣以從公眾社會觀點，以該地寮屋狹迫，
參差凌亂，既缺乏正常潔淨設備，公眾健康，顯屬堪
虞，復易發生火警。香港政府，乃決定將此等寮屋拆卸。

這種說法，顯然不符事實，只屬外交辭令而已。歷史上只有
1933 年 6 月 10 日，南約理民府曾貼通告着居民遷往狗虱嶺，但並
無人理會。另一次為 1936 年 12 月 29 日的強拆二十五號屋，其後
亦停止再拆，未有居民自動遷出的事實，文件用「擅用公地」的
字眼，亦可以和對九龍城寨治理權問題的「向持分歧見解」同觀。
唯一符合事實的，是衛生環境不佳而已，但這種不妥善的居住環

境，豈可用拆屋加以解決？

英政府的文件，對拆屋及槍傷居民事件，解釋為合情合理之事，並且將引起騷亂的責任，歸咎於寶安縣長的前來煽動，謂在 1 月 5 日和 1 月 6 日拆屋進行得十分順利，並無任何事故發生，只在 1 月 7 日，寶安縣長來過後，始發生暴亂。

英國外交部覆文指出：

> 查一九四八年一月七日，毗連香港之廣東省寶安縣長，偕其員司衛生及警察首長，到來「砦城」視察，立於中國旗下開會，並對群眾致辭，此舉被中國報紙解釋為重新確定中國主權。有木屋多間，蔑視法庭命令，又在原地非法重建，一月十二日，警察執行職務前往拆卸時遭遇抵抗。……一月五日執行拆除，尚無事件發生，嗣以一月七日寶安縣長抵達九龍城視察後，受煽動者及寶安縣之官員，鼓勵許多佔住人民隨之而回，同時誇張迷惑之報道，刊諸某類中文報紙……因此主要責任，必須歸諸在香港及中國之中文報紙，彼等曾於前數星期業經周密煽動反英之星火，以及寶安縣長之刺激動作有如上述者。

可見，當時英國外交部，不僅將事件的責任歸咎於寶安縣長的視察，而且還責罵全國的中文報紙。好像中國報人對於國家大事的關心，是一種罪過似的，這話怎說？

最後，該文件寫道：

本國政府同時承認香港政府公正決定採取清除該地之臨時平房，以免有危害社會安寧之虞。香港政府經予以佔住人充分考慮，採取步驟驅逐之，以符良好行政與及維護法紀。本國政府意見，以為若香港政府為全體社會利益計，但因自治權問題而不在九龍城採取此項行政上之措施，則殊屬錯誤。

從當時英國外交部的覆文措辭看，他是認為九龍城寨的治權，中英的意見有分歧，但拆屋及把那六英畝半的土地視為公地，若因治權問題而不能實行，是一種錯誤。故此文件的實際意義，仍然是要堅持自己的意見。

當時國民黨政府於 2 月 5 日，由駐英大使鄭天錫遞交照會，駁斥英國的觀點。該照會因屬歷史文件，亦足引述，俾喜愛研究香港歷史者參考。照會中第二節云：

中國政府茲須聲明者，即關於九龍城之管轄權一事，中國政府一向堅持其所訂於一八九八年中英拓展香港界址專條之解釋，認為該專條已明白規定，中國保有其在九龍城之管轄權。此種解釋，不但可由該專條之文句中明悉，且有同年為設立其他租借地所訂諸條約之規定，予以印證。蓋當時中國政府所採政策之原則，即為在每一租借地內，劃定一特別區域，仍由中國保留在該區域內之管轄權，而此種辦法之適用，不僅限於九龍城一地，該項政策之表現，舉例言之，一八九八年三

月六日，中國與德國關於膠州灣所訂專條第一條，及
一八九八年五月七日中國與俄國關於遼東半島所訂立條
款第四款中，均有明文。該中俄增立條款第四款，特別
規定「俄國國家允中國國家所請，允聽金州城自行治理，
並城內設立應需巡捕人等。」

當時國民黨政府是用國際條約法的原則去據理力爭，但也說
得合情合理。照會中認為遼東半島的金州城保留管轄權，故九龍
城寨亦然，所以照會的第三節寫道：

　　查中英展拓香港租借地專條有關條文中，雖有「現
　在九龍城內駐紮之中國官員」一語，並規定此等中國官
　員行使管轄權時，應不妨礙防衛香港之武備。但所謂
　中國官員，顯非僅指當時在九龍城內擔任官職之人員本
　身而不包括其繼任人員。且該專條訂有關於香港武備之
　條件，然並未規定中國官員在任何情況之下須撤退。反
　之，該專條又規定：「其餘新租之地專歸英國管轄。」由
　此項規定之含意觀之，在九龍城內，英國自不能行使此
　種管轄權利。

對於英國所謂原九龍城寨居民一向接受其治理，以及長久以
來行使治權一事，照會亦有如下的駁斥：

　　關於貴部長來照所稱：自一八九九年後，九龍城

之管轄權即始終由香港政府行使一節，本大使茲須向貴
部長舉述若干事實，此等事實，貴部長亦已知悉。中國
官員所以於一八九九年撤出九龍城及停止在該城內行使
管轄權者，純因其受武力所壓迫所致。當時並曾提出抗
議。第二，自該時後，中國政府不但從未放棄其在該地
區內之管轄權，且凡遇香港政府企圖佔收此項管轄權
時，均嚴厲反對。

對於「九龍城事件」的責任問題，照會亦有如下的反駁：

　　因此中國政府堅決認為九龍城各次不幸事件之責
任，顯然應由香港政府負責。該政府於中英雙方正在舉
行商談以求和平解決之際，悍然採取挑釁行為，實此次
事態惡化之主因，終至引起以後之若干事故。一月十六
日沙面事件，即係其一。就中國政府之觀點言，若將九
龍城各次不幸事件諉諸報章記載或評論，誠屬有失公
平。中國政府對於貴部長所持寶安縣長因前往九龍城勘
察，故應對九龍城事件負相當責任一點見解，亦難以接
受。按寶安縣長之前往該城勘察，並慰問一月五日被迫
拆遷之居民，原係依法負有管理該城責任之縣長為執行
其職務應從事之最低限度行為。

鄭天錫的照會，措辭相當強硬，而且是合情合理的。他指出
向被迫處於流離失所窘境的居民加以慰問，是寶安縣長對該地區

的「最低限度行為」，連這最低限度行為都被視為有妨礙香港政府的政策，顯然是不通的。至於説到中文報紙要對這件事負責，就更加費解。當時英國外交部照會所持的觀點，顯然仍沿用十九世紀強詞奪理那一套，在二十世紀四十年代後期，這一套方法顯已過時，可惜當時英國政府還未覺悟，仍把中國人看成一盆散沙，以為仍然可以用從前列強加諸中國人身上的方法去處理九龍城寨問題。

　　因此，鄭天錫給英國外交部的照會最後一段，特別向英國提出警告，該一段原文如下：

　　　　除以上所述事實外，本大使尚擬提出另一觀點，希望貴部長予以等量之考慮。為徹底瞭解一八九八年關於九龍租借地之條約，即必須憶及諸租借地設立之當時之環境。當時中國政府因不能拒絕列強在亞洲大陸爭設勢力圈之要求，遂僅作一最低限度之保留方法，即在其租借地內，劃定一特別區域，使地方政府仍繼續行使職權。換言之，中國為環境所迫，僅同意遷就有關列強軍事上之需要，而不放棄各該地區之管轄權。今者，九龍已成為一種過時制度之殘跡，因之凡遇英國政府對於中國政府關於九龍城之最低保留亦不尊重之時，不幸影響之發生，當不難想見。

　　全文最堪注意的一句話：是「九龍已成為一種過時制度之殘

跡」，這句話的含意是甚麼？英國政府當會明白，當九龍城寨最低保留亦不獲尊重之時，就會引起很多不幸的事。

因此自 1948 年 2 月之後，香港政府再沒有到九龍城寨拆屋了。於是在九龍城寨城外各地正推行高地價高租值政策之時，不能負擔高租值的小市民，便湧進九龍城寨建屋居住，把一個只有六英畝半的地區，住得密密麻麻，成為全世界人口密度最高、衛生環境極差的地方。

其實，在廣義的行使治權方面，歷來中國政府並不理會。例如刑事犯逃進九龍城寨藏匿，香港的警察進城拘捕，並不引起嚴重的外交交涉，因為這地方既沒有中國官員在內行使主權，自不能引渡罪犯，況且對不法之徒，雙方政府都有責任繩之於法，是以可以通行。英國政府方面，亦應知道所謂行使治權，只限於治安方面。

查在 1948 年「九龍城事件」之前，國民黨政府曾於 1947 年通知英國政府，表示寶安縣要派員來九龍城寨治理該地，英國政府卻反對，在照會中說：「自一八九九年那時開始，中國官員在九龍舊城內行使治權，被證為與保衛香港的軍事需要有所牴觸，因而中止。」因此，1948 年的拆屋事件，顯然是企圖用事實去表示治權的性質。但遭到反對後，反而暴露出當局的強蠻無理。

如果香港當局真的有整頓這地方的決心，是不應該從拆屋上去表現。為公眾利益設想，應該從治安方面着手進行，認真對付那些利用九龍城寨來開烟館、開賭館和開妓院的不法之徒，以及對付那些包烟庇賭的警務人員。　．

但是，在拆屋事件失敗之後，當局對九龍城寨的其他真正影

響公眾利益的罪惡活動反而不理，任由那些貪官藉口該處是特殊地區而包烟庇賭，使九龍城寨變成一個污穢萬分的地區。自 1950 年開始，該處烟館賭館林立，當局卻視而不見。

在五十至六十年代，香港給予世界各國的印象，是一個世界毒品轉運中心。當時流毒世界各地的海洛英（白粉），是從香港偷運出去的，而海洛英和鴉片的實際基地，就是在九龍城。當時九龍城寨的光明街，遍佈白粉檔，白粉道人稱該處為「電台」，因為他們稱吸食海洛英為「上電」，故有此稱。

九龍城寨的龍津路，是賭館最多的地方，有番攤檔、骰寶檔、牌九檔和麻雀館。而另一角落，有大型的烟館和紅丸格。這些烟館的規模，如非親歷其境，實在不容易想像。原來那些烟館，裏邊有十多張碌架床，每張碌架床的上層和下層，可以臥下五個道友吸鴉片，即一張碌架床，可容十人，十張就可容一百人。紅丸格的規模亦同樣「宏偉」，經營此業的人，都要賄賂警方人員，該處雖說是特殊地區，卻非警察管不到的。所謂管不到，只是貪官用來推卸責任的話而已，否則毒梟就不必行賄了。

關於九龍城寨於黑暗時期的情形，下一章將詳為介紹。

# 處於黑暗時期的九龍城寨

自 1898 年之後，港英政府曾多次企圖在九龍城寨行使治權而遭反對。到 1950 年，大量移民湧入香港，其中很多人亦在九龍城寨之內建屋居住，從前在大陸城鄉中的「撈家」[1]，亦集中到該處來居住，他們和本地黑社會勾結，也利用當時貪污風氣普遍存在，便開始利用這個地方作各種非法的活動。「撈家」們對外宣稱九龍城寨是中國的土地，這個地方屬於「三不管」地帶，宣傳到裏面去「消遣」是十分安全的。其實，這種宣傳，是配合當時賄賂警務人員才能成為事實的。記得首次作這種宣傳和見諸行動，是在五十年代初期，以脫衣舞表演開始的。

1953 年，「撈家」們在城寨內搭了一個大竹棚，建一個小舞台，請了幾個脫衣舞女，在裏面表演脫衣舞。「撈家」派出大量馬仔，在城寨邊緣，向路人宣傳，謂城內有精彩脫衣舞表演，以廣招徠。又派人在油蔴地榕樹頭和廟街一帶宣傳，並租了幾部汽車，凡在該處購票入場，可免費送到城寨，觀看一場脫衣舞，收費五元。不幾日間，便引來很多好奇的人前去觀看。這個脫衣舞場，面積並不大，只有百多個座位。每一小時一場，由下午 5 時開始，一直演至深夜。其實，名為每小時一場，演出的時間只是四十五分鐘，其間由五位不同的女子，分別演出。當開幕的時候，一位穿了多層舞衣的女子，隨着音樂在舞台上扭動腰肢，然

---

1　粵語謂以不正當手段謀利的人，多指黑幫分子。

後作含羞答答狀，將舞衣一件一件地脫去，脫到最後，剩下乳罩和三角褲，然後背着觀眾，脫去乳罩和三角褲，脫得赤條條，最後才轉身。

九龍城寨在五十年代表演脫衣舞，是一項包庇者和「撈家」們的最佳宣傳傑作。表演脫衣舞只是一道幌子，真正的目的是引導人們進去賭錢、吸毒和吃狗肉。它半公開地給人們一種錯覺，以為這個地方真是「三不管」地區，裏邊可以作各種非法的消遣。有些研究九龍城寨近三十年活動史的人，翻閱當年出版的報章，看到報道九龍城寨脫衣舞的新聞，以為當時城寨裏面只有脫衣舞。而跳脫衣舞是該地藏垢納污的開始。其實不是這樣的。筆者是自始至終不斷到九龍城寨作過無數次投入和研究之一員，故能了解城寨跳脫衣舞的本質。

當時香港已形成一個大型的貪污集團，城寨的「撈家」和本地黑社會也形成一個有機體，他們在城寨內開了烟館、紅丸格、攤館和骰寶館，但是，不能大肆宣傳裏邊有鴉片烟和紅丸，有番攤、牌九、十三張的賭局開設，必須用另一種方式宣傳，吸引人們進去。

「撈家」們昔日在大陸城鄉開烟開賭，常以搭棚演戲來吸引各處鄉村的人，人們前來看戲，見到戲棚附近有烟館有賭館，便會進去「消遣」一番的。這種藉搭棚演戲開烟開賭的方法，已有幾百年的歷史。九龍城寨的烟館賭館經營者，是運用傳統的方法去吸引人們進去賭錢和吸毒。但演粵劇已無吸引力，當時本港常有兩班由名演員主持的戲班演出。在城內演粵劇自無吸引力，於是用演脫衣舞來代替，這就是當年城寨有脫衣舞表演的原因。記得

當年城寨的脫衣舞班主就是裏面經營烟賭的「撈家」。

　　筆者對城寨最初演出脫衣舞的本質，視為是一種宣傳性質多於靠脫衣舞來圖利，這是經過親自的體驗和事後的分析而得出的結論。當年很多電影界朋友都是被脫衣舞的演出所吸引，而首次進入這個地區的，他們也是首次發現裏面有各種非法的勾當，以後雖然沒有脫衣舞演出，亦會進去。其中最有興趣的是到「孖記」或「釗記」去吃「三六」（即狗肉）。

　　至於其他的各種非法勾當，最觸目的是賭館。賭館是在龍津路的中心地帶開設的。回憶當年賭館所在的位置，是在賈炳達道近衙前塱道的入口處轉右的龍津路邊。這條進入龍津路的通路，人們稱之為「中街」，因進入城寨區域內有三條主要的街道，一條在東面，人稱「東街」；一條在西面，人稱「西街」。這條街位於「東街」與「西街」之間，故稱「中街」。自賈炳達道中段處步下幾級石階，就進入一條曲折的小巷，它就是「中街」了。在盡頭處有一條橫街，便是著名的龍津路，賭館就在「中街」口轉向東邊，它是坐南向北的，是一間佔地約六百呎的賭館。去看脫衣舞的人，是先經過這間賭館，然後才到演脫衣舞的戲棚去的，是以凡看脫衣舞的，都會首先見到這間賭館。賭館之內有一張「攤枱」和一張「牌九枱」，這是初期的兩種賭博的賭館。在賭館門外，有人向看脫衣舞的人兜搭，指一指裏面說：「發財埋便」。

　　「攤枱」賭的是番攤，規模並不大，是屬於「一皮兩正」的格局而已。所謂「一皮兩正」，「皮」是指扒攤的攤皮，每張攤枱只有一位扒攤皮的人，故謂之「一皮」；「兩正」是兩個投注的方格，即只得兩個投注的地方，這是最小規模的攤館的格局。

這種非法賭檔內部的佈置，亦足一述。

賭檔的門口掛上一張藍色的布簾，這是通例，所有的非法賭館，都是這樣的。進門之後，就見到一張高約四呎的攤枱，這攤枱是長方形的，長度不一，但有規定，長的叫做「一皮四正」，略短的叫「一皮三正」，最短的叫「一皮兩正」。攤枱，一定靠近牆邊擺設，荷倌是站在貼牆的一邊，而扒攤的人坐的位置，背後也是貼牆的。番攤下注，是下注在一塊正方形的鐵板上，因這塊鐵板是正方形，故稱為「正」。如「兩正」即指放兩塊正方形的鐵板在攤枱上，「三正」是放三塊正方形鐵板於枱上，如此類推。通常較大的賭場，亦只是放四塊四方形鐵板，即有四處投注的地方。

賭館內在近扒攤者位置附近的樹角，照例有一個神位，這個神位叫地主財神神位，這個神位的佈置，十分特別，牆邊貼着一張黃紙，黃紙上寫着「五方五土龍神，前後地主財神」，在這兩行字之上，另貼一張橫寫的黃紙，上有「大殺三方」字樣。

這個財神神位，是貼在牆腳之上，牆下並沒有香爐，卻有兩塊大老薑，其中一塊老薑，是用來插香燭之用，另外一塊大老薑，則是插着一柄利刀，刀口向外，以表示大殺三方。

地主神位不用紅紙，這是賭場主人認為紅色對他們不利，是以要用黃紙書寫。攤枱上面，照例是鋪一張草蓆，草蓆用釘釘在枱面上的。

五十年代九龍城寨的賭場只有番攤和牌九兩種，這是「脫衣舞時代」的情形。「脫衣舞時代」過去之後，賭場擴大了，除了番攤和牌九之外，並有骰寶和十三張，原因是經過脫衣舞的宣傳，很多人前去後都知道城寨裏邊設有賭場，來賭錢的人愈來愈多，

所以這裏的「撈家」又多開了十三張和骰寶。

　　很年人誤以為九龍城寨的脫衣舞突然銷聲匿跡，是受到警方的干涉而停止的，其實並不如此。脫衣舞並無長期的號召力，經過幾個月的演出，當看的人看厭了，便難以維持下去，宣告結束。加上脫衣舞的作用旨在吸引人們進入這個特殊地區賭錢、吸毒及吃狗肉，目的已達，故無須再表演脫衣舞。「撈家」們向外宣稱被禁止演出，是為那個貪污集團給點面子，那些包庇的人也好向公眾交代，說已禁止城寨跳脫衣舞了。

　　當城寨停止表演脫衣舞的時候，港九市面有很多巧立名目的色情事業出現，這些色情事業使城寨的脫衣舞大為褪色。這些色情事業有「一元試片」、「人體寫生」、「美女擦鞋」等等。其中「一元試片」是當時最新的色情項目。

　　「一元試片」是這樣的，經營者在市區租一層樓宇，掛一個影片公司的招牌，裝成買賣電影影片的商業機構。只因買賣影片是必須將影片放給買家看過才能成交的，因此要有一個試片室。依照條例，試片時不超過十個觀眾，即不作為電影院，不受電影院牌照條例所管。但試片要電費及管理費，故可收最低的費用，費用是每人一元，這就是「一元試片」的整個制度的依據。實際上，這是有人包庇才能開設的，原因是每次看試片的人並非九個人。

　　關於早期「一元試片」的情形，亦頗值一述。聲色犬馬是香港生活百態的一面，色情事業至今仍在香港流行，而變相的「一元試片」亦在今日香港存在，目前出售色情錄影帶的公司，亦有「歡迎試看」的，這正是繼承早期「一元試片」的新花式。若不知「一元試片」的歷史，便不知今日的「試看」色情錄影帶的發展過程。

　　最初由外地運來的色情影片都是八厘米的黑白短片，這些短片大部分從越南運來。那時越南還未統一，越南南方的西貢市（即今日的胡志明市）是東南亞一個色情事業中心，那裏拍了很多色情電影。每部電影都有一個簡單的故事，而每個故事最後是男女赤裸裸地作性行為，畫面上除了展現兩個胴體之外，並有器官的特寫鏡頭。像這樣的徹頭徹尾的色情賣弄，九龍城寨內的脫衣舞自然大為失色，這是城寨的脫衣舞不能維持圖利的原因。

　　每部短片的放映時間約為五分鐘，是以「一元試片」只是一元代價看五分鐘這種電影，這樣當然是不夠癮的。到「試片室」去看「試片」的人，不會看一部的，放映完一部影片之後，亮了燈，便有人宣傳下一部電影更精彩，看的話需另交一元，收了錢之後再放映。通常看的人最低限度看三部。而初期的「一元試片」所擁有的影片，只是十部八部，是以花十元八塊也可看勻了全部的短片。其後有新片運到，陸續增加影片，就像電影院一樣，每有新片運到，又吸引很多的「觀眾」。這種「一元試片」的生命力很強，有十多年的生命力，因此後來也開始有本地拍攝的色情電影出現，並有彩色電影在「一元試片」室內放映了。

　　當年城寨內的毒窟，共分三種，其一是鴉片烟館，其二是紅丸館，其三是「粉檔」，現在先談「粉檔」的情形。

　　當時城寨內有一條陋巷，稱為光明街，實際上是一條「黑暗街」，街上擺滿了賣白粉的檔口，經常有八九檔之多。白粉檔的規格是這樣的，每一檔都有一張用木箱製成的矮桌，桌子是四方形的，高約十八吋，相當於我們日常所坐的椅子那麼高。這張正方形的桌子上面經常燃點着四至五枝短度的白蠟燭，四方矮桌的周

圍，有五六張小櫈，是給「道友」坐下來吸白粉的。但亦有「白粉道人」將蠟燭移到小櫈上，他卻蹲在地上吸食的。

這條街稱為「光明」，可能是不論日夜都有燭光照耀之故。但是吸毒者卻叫這條街為「電台街」，稱這些白粉檔為「電台」。

白粉道人吸食白粉，稱為「上電」，這確實是極為恰當的比喻。由於白粉道人在沒有白粉吸食之時，便像一具電動玩具的電池沒有電那樣，行路也無力，說話也聲音不亮，像一個半死的人。但是吸了白粉之後，就生猛起來，與電動玩具加了電池一樣地活動，是以他們稱吸食白粉為「上電」。而這些四方形的矮櫈子，正是他們「上電」的櫈子，故此叫這些白粉檔為「電台」。

街上的八九個「電台」，其實並非八九個都是老闆，他們的白粉，都是由一位大拆家交給他們出售的，他們是靠大拆家關照，才能在街上開檔。大拆家亦樂於用這種方法推銷白粉，因為這樣無須雇用職員管理出售及收錢，而且也無須準備很多吸白粉的用具，如蠟燭、錫紙等。

1954 至 1962 年之間，城寨內的白粉檔出售白粉，是每包五角，這是所有毒品中最廉價的一種，因此吸食白粉的人，全部都是最低層的人。這些最低層的人，並非一出身就是貧困的，他們大部分原先並非貧困，只因染上了毒癮之後，便不能自拔。很多白粉道人原先是頗為富裕的，其後即變成貧民。

在這條光明街上吸食白粉，都是用兩種方法吸食，其一名叫「追龍」，另一為「吹口琴」。這兩種方法都需要一枝洋燭和一張包裝香烟所用的金屬紙，這種金屬紙人們通稱之為「錫紙」。

在買白粉的時候，每一包白粉都附送一包名叫「粉底」的東

西，「粉底」是另一種化學成分的粉末，白粉就是海洛英。粉檔上已有用包香烟的金屬紙捲成一枝像飲汽水的飲筒似的吸管，白粉道人蹲在那張正方形矮枱子的一角，先將金屬紙摺成一個長兜形，中間凹下去，兩邊凸起，前端也凸起，他用左手拿着金屬紙的另一端，這就像左手拿着一個蔞。他先將白粉和「粉底」放在金屬紙正中凹陷的中央部位，然後將金屬紙製成的吸管的一端用雙唇緊緊地啜住，然後將金屬紙的底部遞向燃着的蠟燭上面去燒，蠟燭的燭火燒到金屬紙上，白粉和粉底因加熱而熔成液體，隨即化成氣體，他就用這吸管將化氣的氣體吸入口內。由於白粉和「粉底」混成的液狀化氣體在錫紙上像水銀似的流動，吸管要隨着它的流動而吸啜，並要緊追着那些氣體，故名「追龍」。

「追龍」是吸毒者自己叫出來的名稱，也只有他們在親自體驗過這種生活後，才可以本能地創造出這個名詞，外人是無法為這種行為命名的。

「追龍」只是毒癮不大的人，或者限於能力，只能買小量白粉的人的吸毒方法。至於大癮的白粉道人，就嫌那一條幼細的吸管不夠。他要一口氣吸進大量的海洛英，就用「吹口琴」的方法了。

「吹口琴」是用一個細枝裝的火柴盒，將載火柴的那個可拉出來的抽屜形的底盒取出。於是這個小火柴盒便只得一個空殼，他將這個空殼的火柴盒的一端，含在嘴裏，利用火柴盒空殼可以通風，用火柴盒空殼來吸毒。

當白粉放在錫紙上面，用錫紙移到洋燭的燭火上燻去，白粉熔化成氣體時，他就用火柴盒的另一端向着熔化的白粉的氣體，嘴即用力狂吸，於是只需三秒鐘就將全部白粉吸去，然後再放下

第二包。這樣吸法，可使化氣的白粉絲毫都不浪費，全吸進去，而且快捷很多，幾秒鐘就吸一包，吸二三十包，只花二三分鐘的時間就吸完，比「追龍」快捷而且不致浪費。

由於那個火柴盒空殼含在嘴唇上，有如吹口琴的人將口琴放在唇上一樣，是以稱這種吸毒法為「吹口琴」。當時這條白粉街的「電台」，最歡迎的就是這種「口琴客」，因他每次吸毒，最低限度也會買十包以上。「追龍客」每次光顧不過是三四包，有時是一兩包。故賣白粉的人，稱「追龍」客為「寒底友」。有時遇到「口琴客」到來，白粉檔主會特別請他坐在旁邊，將「追龍客」趕開。

在 1962 年以前，白粉的價格由於貪污集團的包庇而保持穩定，每包售五毫維持了好幾年。1962 年之後，才賣每包一元，因為當時尚未有用「打針」的方法頂癮，流行的方法仍是「追龍」與「吹口琴」。

城寨的「電台街」只是全港最公開吸食毒品的地區而已，並非毒品的主要市場所在，這個地區在貪污集團包庇之下，實際上是一個毒品製造中心和供應中心。

當年城寨內實際上是劃分東西兩區的，東區是一個特殊地區，一切不法的勾當都在這一區內。西區則全是善良人家居住的地區。因此所有烟館、賭檔和製毒販毒場所，都集中在東區。西區的居民，並不受影響。在西區有一條路可出賣炳達道，他們從西路進出，有些住在西區的居民，是從來不到東區去的。

製造白粉的機關也設在城內的東區。毒販的毒品主要是運出城寨外出售，由於城寨外沒有一個可供「追龍」及「吹口琴」的吸毒場所，故此外面流行的吸毒方法是「打高射炮」。

「打高射炮」也是一個生動的詞語。這種吸毒方法是利用無濾咀的香烟，道友先將一枝香烟的一端內的烟絲挑出一些，這樣這一端的紙卷便留下一些空位，道友就將少許白粉放在這空位上。由於它是粉末，便要將香烟豎直，仰起頭來，把香烟屁股放在唇上，白粉才不致傾出，然後點了火柴，向香烟頂端燃着，這時烟端的白粉遇火即熔化，他用力吸啜香烟，便將化氣的白粉吸入了。

由於香烟必須豎直和昂起頭來吸食，這枝香烟就像高射炮似的，白粉放在烟端之內，有如炮彈放進高射炮內，於是便稱這種吸毒法為「打高射炮」。

用「打高射炮」方法吸毒的人，多在市區內進行，因為它不需用吸毒工具，不用燃着蠟燭或燒紙來吸，隨時都可以吸，像吸香烟一樣。

從前大多數香港人都以為九龍城寨是警方勢力不能進入的地區，這其實是受貪污集團的誤導。貪污集團是個龐然大物，人們問起城內的烏煙瘴氣，他們難道對詢問的人說是我這個集團包庇的麼？最佳的推卸責任是說此地區特殊，非我們能力所及。這是誤假作真的根源。

有一件事可以說明城寨內一直是可以行使治安權力的。這件事是可以從烟館的規定中看得出來。只有在五十至六十年代，到過市區的秘密烟格去考察過，又到城寨內的烟館考察過，才會知道城內城外的規格都是一樣的，換句話說，城內城外的包庇方法都是一樣的。

吸食鴉片烟的工具是烟燈和烟槍，在城寨外各區的秘密烟格，包庇者有所規定，每一個烟格不能多過兩枝「旗」。「旗」是

烟槍的代名詞，換句話說：每一檔烟格，只能有兩枝烟槍，收黑
錢亦以烟槍為定價標準。只得一枝烟槍的烟格，黑錢收得少一
些，兩枝烟槍的烟格，則作為「大檔」收費，黑錢提高幾倍。

　　城寨內的烟館也是一樣，有一枝「旗」的、有兩枝「旗」的，
最多只能准許四枝「旗」。一枝烟槍的烟館，以「私家局」為號召，
即招待衣裳楚楚，有能力高消費的人，兩枝「旗」的則屬「大檔」，
屬於低消費的人光顧的地方。

　　由於抽鴉片先要將鐵針（托）挑煙到煙燈上燂，鴉片烟遇火
即由液體而成軟固體，這種抽烟前期準備工夫稱為「打荷」，每個
道友都要先「打荷」才能將烟塞進烟槍的斗孔內吸食，故在「打荷」
時，烟槍可交由別人吸食，這樣兩枝烟槍就可供八至十人同時使
用，這個「打荷」，那個吸食，然後又輪到另一個吸食，這就是當
年「大檔」吸鴉片的情形。

　　研究石灣陶瓷史的人，是不能忽略石灣陶器自清代至民國有
大量鴉片烟盅出口的，當時澳門和香港，甚至其他有「公烟」出
售的地區，都向石灣訂製鴉片烟盅。這種鴉片烟盅是用白陶泥製
造，分大細兩種規格，細的可載一錢重的烟膏，大的可載二錢重
的烟膏，故大盅的鴉片烟稱「孖盅」，細盅的鴉片烟稱「單盅」。
在現時的日用品中無一與之相似，故不容易以現時的物品作比較
式的說明。

　　鴉片烟盅的特點是看似好像可載很多鴉片烟，實則烟盅的內
部是不很深的，技巧在能夠以載得下一錢鴉片烟膏為度，故此有
公開賣鴉片烟的地區都向石灣訂製烟盅，成為一項大宗的陶品出
口生意。

　　戰後全面禁烟，石灣亦不製烟盅了。那麼九龍城寨的烟館，用甚麼東西來載鴉片烟供應顧客呢？抽鴉片烟有百多年歷史，烟館已形成一種市場習慣，道友抽鴉片烟是以「盅」計價，故鴉片烟館亦以「盅」來載烟，石灣已無烟盅製造，即製造亦不適合，因為一錢重的鴉片烟售價昂貴，是戰前的售烟單位。烟館要用另一種烟盅來載烟，這種烟盅以能載三分重烟膏為合，他們想出利用牛角骨製成一個個小烟盅，這種牛角骨製成的烟盅是沒有蓋子的，像一個小小的淺杯子一樣，口徑似現時五角硬幣，放滿這個杯子便剛夠三分重的烟膏。

　　在五十至六十年代，這樣的一小杯鴉片烟，售五元一杯，鴉片烟鬼只能用這小杯的烟，搓成四口來吸食。它的價錢明顯地比白粉昂貴，故在城寨內吸鴉片烟的人，衣着較白粉道人為光鮮，平均收入亦較吸白粉的人高些。

　　五十至六十年代這二十年當中，香港仍屬於一個貧困的社會，社會資源被毒販、賭館主持人和貪污集團所吸吮去，是以一般下層市民仍很貧苦。其中貪污集團的濫用權力，更加令到社會財富集中到這群特權人物手裏。而這些人將財富調到香港以外地區，以便將來作海外寓公，故他們取之社會而用於社會是很少的，社會窮困的原因在此。市民強烈譴責貪污集團，最高潮一次是反貪污捉葛柏的示威，這是七十年代的事了。

　　在反貪污示威運動下，促使香港政府成立廉政專員公署和粉碎貪污集團，其中最主要是提高警務人員的薪金及質素。當貪污集團被粉碎之後，九龍城寨是個可以公開販毒和開賭的特殊地區的神話，已不攻自破了。

九龍城寨的特殊，是指其土地在《展拓香港界址專條》內訂明不屬於租界之內，即該處的土地不能任由港英不經中國許可而改變其性質，雖然《專條》內有規定該地仍屬中國官員可行使權力的地方，但是九龍城已無官員在內行使權力，並不等於可任由「撈家」們在裏面為非作歹。故過去該地的賭毒的存在，實際上是貪污集團的傑作，因此當粉碎貪污集團之後，城寨內的毒窟已不能立足，其道理是很顯淺的。

九龍城寨裏面無罌粟種植、無烟土生產，毒品是從外面運進去的，只須嚴格搜查進出城內的人，便可禁絕毒品在城內出售。當嚴格執行反毒政策後，城寨內的白粉檔和烟館已沒有甚麼「特殊權力」可以依賴，裏面的「撈家」知道黃金時代已經過去，紛紛退出這個基地。

上文說過在九龍城寨黑暗時期，城寨內居民並非全部都是經營不正當事業的人，他們大多是善良的居民，他們在城內居住，只是由於這個地區的地權不受港府控制，無拆遷及迫遷之苦。所以城寨內的屋宇，多為石屋，有別於其他地區的僭建物都是木屋。城寨居民到城外工作，晚上回來休息，不受裏邊的黃賭毒所影響。學童也照樣到城外的公立學校讀書，他們都要依照政府規定領取香港身份證，也享受香港的公民權，他們是受法律所保障的。至於那些黃賭毒的勾當，只是貪污集團和本地黑社會和「撈家」們的傑作，實與居民無關。很多有知識的居民，克勤克儉，知道這個環境對於下一代會有不良影響，是以都盡量儲蓄金錢，或在城寨外做生意，或買一層樓宇，等到有新來的移民要買屋居住時，就將原住的石屋賣出去，遷出九龍城寨去。因此九龍城寨的

原居民，是不斷遷出的，大約五至八年即遷出一批。就是裏面的經營不正當行業的人，也將家庭遷出城寨外去，新遷來的家庭，亦都不和裏邊的墮落者同流合污。

九龍城寨無疑是有黑暗的一面，但也有光明的一面，只是沒有人在黑暗時期進去接觸那光明的一面而已。在黃賭毒最全盛時，城寨內有塑膠廠、織布廠、玩具廠和其他小規模手工業廠。裏面的貧苦人家，靠串塑膠花和嵌合玩具幫補家計，這些家庭和黃賭毒是分開的。因此當年城寨內實際上是分開兩個區域，一面是黑暗的，一面是光明的。

從七十年代中開始，反貪污及反毒運動雷厲風行，城寨內的一切非法活動因無人包庇，已無法立足。各大小「撈家」便將所住的屋宇出售，但這些屋宇已屬殘破不堪，於是有人認為這是一項低成本投資而可以獲取高利的機會。他們購入這些屋宇，然後建成高樓大廈。

這是一次真正地利用城寨內土地的特殊性而投資的活動，所用的辦法和在城外市區發展商所用的辦法相同；即是先擁有一批屋宇，然後和鄰近的屋宇主人協商，作有計劃及整體的重建。這個辦法，可以說是城寨居民自己的重建計劃。由於該處的土地並無在田土廳內登記，也不受建築條例的約束，故可在裏邊發展起來，建成一幢幢的大廈。

這些大廈自城寨內龍津路起，至東頭村道邊綫，由於城寨的地勢低，東頭村道的地勢高，這樣建成十層高的大廈，大廈的五樓，便和東頭村道平行，近東頭村道的一列，在東頭村道望上去，便好像是只得五層高的樓宇，實則這是一幢幢的十層大廈互

城寨物業不受港府建築條例規限，像圖中所見，誰知內裏別有洞天？

相連接。

　　這些大廈的內部間隔，仿照第二期公共屋邨的形式，每幢大廈的樓梯，都在城寨之內，樓梯通至每一層樓，進去是一條長走廊，走廊兩邊，都是住宅單位。單位面積跟以前石屋的實用面積相差不遠。據說在發展的時候，原來的一間石屋可換新建大廈的兩至三個單位，視當時拆建的石屋的面積大小而定。這樣，購屋拆建的人，便佔有大量的單位出售，其中四至九樓，向東頭村道的那些單位，售價最貴。愈接近城寨內的單位，售價愈平。當時每一個單位，只售二萬多元而已，售價普遍遠低於城寨外的樓宇市值。

# 九龍城寨的街道巷命名考源

　　九龍城寨雖然只得六英畝半的面積，但它卻有二三十條街巷，相信這是世界上同面積而街巷最多的小城。為了讓讀者認識城寨街巷的歷史，首先將這些街巷的名稱，依次排列起來，才易於説明一切。

　　城寨的主要街道分南北與東西走向兩種，這是大街大路；其餘的都是小街小巷，小街小巷是大街大路的支綫。現在説明如後：

　　由南至北的大路有三：
　　　　龍津道
　　　　龍津路
　　　　東頭村道

　　由東至西的大街有五：
　　　　龍城路
　　　　光明街
　　　　老人街
　　　　大井街
　　　　西城路

　　這樣的排列，很容易看到龍津道和東頭村道是城寨南北兩條邊綫街道。最南面的街道是龍津道，最北面的邊界街道是東頭村道。龍津路則位於這兩者之間而較為靠近龍津道。

同樣，由東至西的街道，有龍城路和西城路。龍城路就是東面的邊緣街道，西城路則是西面的邊緣街道，在這兩條路之間，有光明街、老人街、大井街三條大街。

所有的小街小巷，都和上述的道、路、街互相聯接。由路至街，由街至巷，只有一條東頭村道是沒有派生小街小巷的，原因是東頭村道已成一條通衢大道，只有面向東頭村道的屋宇的位置是在寨城範圍內，整條街道都不屬於寨城範圍。因此只有這條東頭村道是沒有小巷小街以它的名字命名的。其餘的街道，就有如下的分支：

龍津路分支出來的街巷有六條：

龍津後街

龍津一巷

龍津二巷

龍津三巷

龍津尾巷

龍津橫巷

龍城路分支出來的街巷有三條：

龍城一巷

龍城二巷

龍城三巷

（按：這三條小巷已拆去）

西城路分支出來的街巷有七條：

　　　西城橫巷

　　　西城二巷

　　　西城三巷

　　　西城四巷（已改巷名）

　　　西城五巷（已改巷名）

　　　西城六巷（已改巷名）

　　　西城七巷


光明街分支出來的街巷有三條：

　　　光明一巷

　　　光明二巷

　　　光明三巷


老人街分支出來的街巷有六條：

　　　老人街一巷

　　　老人街二巷

　　　老人三巷

　　　老人後街

　　　老人橫巷

　　　老人後巷


大井街分支出來的街道有五條：

　　　大井三巷

　　　　大井四巷

　　　　大井五巷

　　　　大井六巷

　　　　大井七巷


　　除了上述的幾組街道看得出是由大街大路分支出來的小街小巷外，另外還有一些獨立命名的街巷，這些街巷自成一個命名系統，分別有：天后廟街、天后廟後街、義學巷、社公街、長安里、長興里。

　　以上是城內全部街巷的名稱，其中除了龍城路的幾條橫巷因伸出東面界址以外的寮屋，而這些寮屋早經清拆，小巷不復存在以外，另有幾條街巷是因改建大廈時將原街巷名稱改變，其餘大部分都是現時存在於城內地段的街道（關於九龍城寨街道詳細分佈，可參閱本書的附圖）。

　　城寨所有街巷的名稱，都是有命名原因的。從這些街巷的命名，亦可以了解到，這個小城在沒有城市設計專家規劃，而由城寨內街坊自行設計，也算得上地盡其用，而且是有條有理的。雖然它的衛生情況甚差，但在這樣狹窄的居住環境內，而且在長期毫無外間援助之下去規劃，能設計到這許多街街巷巷，應該算是不錯的了。

　　目前，九龍城寨有些街道有英文譯名，有些則沒有譯名，凡有譯名的街道，都依原譯名照錄，沒有譯名的則不錄。現在將各主要街道的命名原因分別說明於下。

## 龍城路 Lung Shing Road

　　龍城路是和九龍城寨界外的東正道平行的一條道路，它北面的路口在東頭村道南邊的行人道上，而南面的路口則極隱蔽，因為它的路口和龍津路及龍津道相接，為益華樓和東南樓作左右相夾，成三岔狀。從城寨南面外圍望入，龍城路剛好被龍津道及龍津路所隔。城寨居民把它名為龍城路，是把它作為九龍城寨的代表街道。「龍城」二字，即九龍城寨的簡稱。

　　為甚麼要把龍城路作為九龍城寨的代表街道呢？因為這條路是昔日寨城的東面城門口所在地。從東門進入城裏，沿着城牆向北行，就是現時的龍城路了。由於龍城路是隨着寨城東邊的城基界綫建屋而開出的道路，因此便稱之為龍城路，以表示它是龍城東門的道路。

緊貼龍城路外圍的一群建築物

六十年代，龍城路的東側有很多僭建的寮屋，伸延至東正道去，因此舊日有龍城一巷、龍城二巷和龍城三巷。及當局將界外的僭建寮屋清拆之後，這三條小巷已不復存在了。

有甚麼證據足以證明龍城路是依寨城東門的城基而建成的呢？在龍城路南面路口處，有一座大廈，命名為東門樓。這座大廈在興建時，因它位於東面城門的位置而得名，這座東門樓在未拆時，可作活的歷史看待。

## 龍津路 Lung Chun Road

城寨內有兩條道路以「龍津」二字命名，一名龍津道，一名龍津路。現在先談龍津路命名原因，然後再談龍津道。

龍津路是一條東西走向的街道，它的位置在龍津道後面，在東面的路口，隱蔽於東南樓、益華樓與東門樓三幢大廈之間，斜斜地向西延展，和西城路相接。龍津路是城寨最原始的街道，在道光二十七年（1847）建成寨城時，它便已經存在了。

廣東省很多城市都有龍津路，省會廣州市也有一條龍津路，澳門也有一條龍津路。這些分佈於各個城市中的龍津路都有一個特點，就是它一定面對城門的津樑。過去，大凡城垣之前，必有一條圍繞城垣的濠溝，城門口有一座橋樑，橫過濠溝，以便商旅進城，若遇到有賊攻城，則可以將城門口的橋樑扯起，這座通進城門口的橋樑，稱為「通津」。

九龍城寨從前也有濠溝，城門口也有津樑，和其他城市的舊

城垣的規格一樣。古代建城築寨，都要請堪輿師先看風水，由風水先生測定龍脈，以龍氣最佳的方位來開城門。因此主要的城門必須聚龍藏氣。故城門和城門的津樑，合稱「聚龍通津」。「龍津」就是「聚龍通津」的簡稱。這條由城門口津樑直通進城內心臟地帶的道路，便稱為龍津路。意思是說，這條路是聚龍氣而通出津樑的街路。這也是很多城市都有龍津路的原因。九龍寨城在建城時亦不例外。

龍津路正是從前通出城門津樑去的道路，沿龍津路到城外，就是九龍灣。在九龍灣建一埗頭以便停泊船隻，因此稱這座埗頭

位於龍津路的城砦老人服務中心，是昔日九龍司巡檢廳的衙門所在。

為龍津石橋。在埗頭之前,建一亭以方便候船的人休息;這座亭,因而命名為龍津亭。這一系列的設施,都以「龍津」命名,就是取義於「聚龍通津」。

當時凡城市「聚龍通津」的道路,必然被認定是龍氣聚會的所在,因此堪輿師也認為在「聚龍通津」之處,最宜建築主要的衙門和官署。九龍城寨的龍津路也不例外,沿龍津路向西行,現在仍可見到昔日是九龍司衙門的老人院、位於老人院前面路邊的兩尊古炮,以及由龍津義學改建成的義學大樓。這些建築物,都是早期取義於「聚龍通津」而建於龍津路上的。

因此,若問九龍城寨最古老的街道是哪一條?可以肯定地回答:就是龍津路。

## 龍津道

除龍津路外又有龍津道,究竟龍津道和龍津路有甚麼不同?龍津道是在寨城城牆拆去之後,城內居民在原來城基兩邊建屋而闢成的街道,它是 1951 年才形成的。由於它是九龍寨城南面城基遺址所在,而當脫衣舞表演,以及開賭、販毒於城寨盛行的時代,這些非法活動的主要場所都集中在龍津道上,經營者也希望這條路能「聚龍通津」,是以取名龍津道,用一個道字和原已存在的龍津路區別開來。

龍津道是依寨城南面的城基開闢而成。因此在龍津道以外的僭建寮屋,早於 1985 年加以清拆。拆去僭建寮屋後,當局在這條

圖為龍津道於東正道的入口處，警察在該處集合，然後分批進入城寨巡邏。

1987 年夏，港府
於龍津道外興建圍
牆。左邊空地是西
頭村寮屋的遺址，
遠處是衙前塱道及
侯王道一帶。

龍津道的路邊，架起鐵絲網作為界綫的標誌。到這條龍津道去觀察，仍可見到一些賣狗肉的老店舖的招牌。

龍津道從前有麻將館、牌九檔、番攤館、狗肉檔和烟館等場所。因此，作為住宅區的龍津後街，龍津一巷、二巷、三巷、尾巷和橫巷等小巷，都是圍繞着較寧靜的龍津路而建成的，從這些小巷依一、二、三等次序命名，亦可以看得出建屋的先後次序。龍津一巷、二巷較早建成；三巷、尾巷、橫巷是較後期建成的。而龍津後街因位於龍津路後面，當又比一巷、二巷較先建成。

## 光明街 Kwong Ming Street

在六十年代，光明街兩邊的屋宇都是石屋和寮屋。當時這條街全日燈光照耀，因為街上有很多出售白粉（海洛英）的攤檔，這些攤檔都燃點蠟燭，以便吸毒者到來「追龍」。因此，當地人便稱之為光明街。現時的光明街總算是回復了光明，街上的樓宇都是經營正當行業，其中規模最大的是食品製造業。街內有幾間用機械來製造魚蛋的店舖，店內有輾碎魚肉的機器，工人們將輾成了醬狀的魚肉，使之受震盪成為魚膠，最後再製成魚蛋。這些魚蛋製造所，每天都會將製成的魚蛋交到城外各區的魚蛋粉麵店去。

此外又有豬血食品加工場、砵仔糕工場，還有燒豬和燒鴨的製造所。

在七十年代開始拆去寮屋改建高樓的時候，光明街新建的高樓大廈多用這條街街名的「光」字和「明」字來命名。例如光明

光明街內一間生產「豬腸粉」的工場

樓、明光樓、光榮樓、榮光樓、東明樓等，用這方法命名大廈，
是方便人們看見大樓帶有「光」或「明」的名字，便知道大樓位
於光明街上。

## 老人街 Lo Yan Street

　　老人街和光明街都是南北縱向的街道，它的南面進口處在
龍津道一百一十二號和一百一十四號之間，先經過龍津路然後向
北伸展，直到東頭村道止。寨城的地勢是西北高而東南低，因此
凡南北縱向的街道都是北高南低，街道有些傾斜，老人街亦不例
外。這條街道形成的年代約為五十年代初期。進入城寨居住的人

老人街內一間豬血食品加工場

在老人院旁邊架設寮屋居住，其後改建石屋和磚屋，都是小型的鄉村式屋宇。因它依老人院而建成一列列房屋，居住這條街的坊眾，為它命名為老人街，表示這條街在老人院側。只要告訴來訪的親友，老人街就在老人院旁邊，就很容易找到。

　　老人院是在二十年代基督教團體發現原日九龍司衙門有倒塌危險，故向港府備案，進城修葺，而改為老人院的。至今這家老人院仍然繼續為城寨坊眾服務。老人院門外西側的牆下，放置着兩尊古炮，到這家老人院去考察，可以找出很多古跡。例如院內的規模，仍依稀可辨認出是一座古衙門的規模。院後原為昔日九龍司居住的內院，現在這座內院已改為青年中心。入青年中心的正門不必經過老人院，而只需從老人街進去。青年中心已成為城寨內青年兒童的康樂場所，內有閱報室、康樂棋、乒乓球桌、遊

這是城砦老人服務中心牆外的兩尊古炮之一。憑炮身鑴文，可知為
嘉慶七年（1802）所鑄。

戲室等設備，並經常舉辦一些學習班等。

　　城寨裏面的內街，唯一能見到太陽的就是這條老人街。由於老人院有一道圍牆圍着，故老人街向西的一段，設有高樓阻擋，當太陽偏西時，就照射到街上去。這一段唯一能見到溫暖的陽光的街段，就是位於青年中心和老人院東牆之間。

　　以老人院為中心，附近多小巷，曲曲折折，構成了老人街橫巷、老人二巷、老人三巷、老人後街、老人後巷。老人後街在老人院後面，故名老人後街。這條後街延伸部分的狹窄小巷，叫老人後巷，是老人街建成後才發展起來的。這兩條街巷位於老人街西側，在青年中心旁邊進入。至於老人橫巷，則是位於老人街東側的小巷，它是老人街最初建成的小巷，故稱橫巷。後來再建兩條小巷，便稱二巷、三巷，因此老人橫巷實際是老人一巷。

　　老人街近東頭村道的一段，有不少工場、食品製造店、玩具廠和小五金廠，這是由於東頭村道可行駛汽車，各工場可將貨物搬到東頭村道路邊，然後運上貨車，再輸送到各市區去。

## 大井街 Tai Chang Street

　　大井街也是由南至北的街道，它的南面可通到龍津道去，北面可通到東頭村道。在通往龍津道的街口，位於兩合樓與祥興樓之間。東頭村道的街口，則為一幢高樓所跨過，這高樓是東頭村道三十號。

　　大井街應該是一條歷史悠久的街道，它的建成約比龍津路略

晚，但比其他的街道則早幾十年，是城牆未拆時已存在的街道。

　　查歷史上大凡建城設寨的地方，除形勢險要之外，還要具備能防守的條件。能防守的地方必須有充足的水源，否則當地雖險要亦難設寨建城，原因是糧食可以囤存，而人不可以一日無水，故有充足的水源是建城防守的首要條件。九龍城寨當然也有充足的水源，此水源是來自大井街上的一口大井。

　　這口大井開鑿的年代已不可考。有人說井是建城時開鑿的，有人說它比城牆的歷史還長。事實上在建城牆時是需要用水的，建城工人要用水，建築材料要用水，從生活史上去判斷，這口井應在建築城牆之前已存在。

　　這口大井位於大井街八號興發樓左面。從前井內的淡水是清冽的，城內的居民和守城的士兵都依賴這口井供應食水。但是現時這口大井已封閉不再使用。

大井街的井神神位

香港從二十年代起即不斷出現霍亂症，到三十年代因發現霍亂病菌多存在於井水之內，為了撲滅霍亂病傳播，除宣傳應喝煮開的食水之外，並進行封井運動。首先是封閉市區內的公共水井，然後封閉鄉村的大水井。封井運動進行長達二十多年，到五十年代才基本上完成。九龍城寨這口大井，也是在五十年代後期才封閉的，封井的時候，在井旁設自來水喉，供公眾取水應用。這種公共水喉，香港人稱為「街喉」。現時大井街的古井之前，就有街喉之設。

大井街就是用這口大井來命名的。在三十至四十年代之間，移居城內的人，為方便取水，在這口大井附近建屋而居，當兩旁屋宇建成而形成街道時，因這裏位於大井附近，故稱為大井街。是以大井街是城寨歷史悠久的第二條街道。

沿着大井街開闢出來的小巷共有七條，但是現在看起來只有五條小巷是用「大井」命名的。這五條小巷就是大井三巷、大井四巷、大井五巷、大井六巷和大井七巷。為甚麼會沒有大井一巷和大井二巷呢？下文將會談及。

大井三巷在大井街中段，位於大井街二十三號好彩樓側，向北移就見到四巷、五巷、六巷和七巷的巷口。大井七巷已近大井街於東頭村道的出口處，故從東頭村道進入大井街，第一條小巷就是大井七巷。大井街接近大井的舖戶，由於取水方便，有很多製造食品的工場，亦有不少小型工廠。大井前的公共水喉，附近掛起了密麻麻的膠水喉管，用以引街喉的自來水入屋應用。這條街因有水井，頗為特別。在已封閉的大井後面，仍有一座井神的神位，每天不時見有街坊到井神處上香。

## 社公街 Si Kung Street

　　社公街接近大井街南段，它是比較城寨所有的小巷為長的小街，和大井街構成一十字路口，因此可分為西段和東段，西段和西城路連接，東段屈曲而出龍津道。

　　社公街的東段本稱大井一巷和大井二巷，後來因為它和社公街相連接，故而不稱大井一巷及大井二巷，而歸入社公街的範圍。這就是大井街只有大井三巷而沒有大井一巷和大井二巷的原因。

社公街入口處。
圖中路牌為城砦
福利會斥資製造。

　　社公街的命名，是因為街上有一座社壇之故。社壇是供奉社稷之神的神壇，社稷之神俗稱「社公」。在建屋列居之後，居民因街上有社公神位，因而將此命名為社公街。

　　香港各處鄉村地區都有社神之設，社神的神壇上通常供奉着一塊上窄下闊的石頭，由於這塊石頭的形狀似男性的生殖器，有人認為這是古代崇拜生殖器的遺風。其實不是的。這塊石頭的形狀，與其說形似男性生殖器，毋寧說它像一位穿了大袖闊袍的坐在椅上的神。這實際上是作為保護當地居住的人的土地之神，因此要在當地找一塊狀似人形的石頭，作為土地之神的代表，供奉於神壇之上。

　　古時人們相信萬物都有神靈，當為了生活而遷徙到一處新土地居住及開墾時，便希望當地的神靈保佑他們能安居樂業。於是就在定居的土地上找一塊似人形的石頭，作為當地神靈的代表，築一簡單的神壇，虔誠供奉，早晚祭祀。因此各處鄉村及聚落，都有社公神位。

　　昔日九龍城寨的居民，大部分都是從外地移居進來的居民，首批移入城內定居的人，便要設立一社公神位，作為當地土地之神的化身，方便禱告以求平安。

　　社公街上的社公神位，相信是在建城之後，移居到城內居住的人所設立的。這個社公神壇，似一間小廟，城寨內街坊稱之為社公廟。社公廟的位置在大井街十三號樓宇背後，由於這幢大廈橫跨社公街口，光綫很暗，不易找到。很多到寨城考察的人，都找不到這座社公廟。

　　社公街是用這座社公廟來命名的。從這條街道的命名，可知

寨城居民們保留了中國鄉村的社區生活習慣。社公廟和大井街上的井神，都是傳統中國社會宗教活動的標誌。

## 西城路 West City Road

　　九龍城寨街道的英文譯名，只有西城路的英文路牌是不予音譯的。西城路的名稱，說明這條路是在西邊城基築成的街道。正因為它是九龍城寨最西面的城基所在地，是以稱為西城路。

　　西城路也是由南至北的街道，南面由龍津道尾起向北伸展到東頭村道止。西城路於東頭村道的入口處是在西城樓旁邊，它在龍津道的入口處則於龍南樓旁邊進入。西城路是城寨最容易找到的道路之一。

　　西城路本來共有八條小巷，但現在卻只保留四條小巷是用「西城」的名字命名，這些小巷有西城二巷、西城三巷、西城七巷和西城橫巷。至於西城一巷、西城四巷、西城五巷、西城六巷卻都不見了。

　　西城路因為位於舊日城寨西邊城基的邊緣，而城基以外的地皮發展較東正道的東邊為緩慢，因此有很多僭建的寮屋。這大片土地上的寮屋，以往很多人把它視作九龍城寨的一部分，因為西城路有很多小巷向這些寮屋區伸展，後來當局清拆了這些寮屋區，於是也連這些小巷都拆去，這便是西城路失去多條小巷的原因。

　　另外，在西城路興建屋宇時，由於發展商要盡量利用有限的

西城路的一間手錶帶工場

土地，因此也在其中幾條西城小巷的土地上建了大廈，所以也有一些小巷不復存在。這是西城路的小巷中，無四、五、六巷的原因。是以現時西城路，用「西城」之名命名的小巷只有四條。

　　西城二巷位於西城路天成樓側，這條小巷很短，從前是可以通到大井三巷去的。由於建築高樓時，其中一座高樓將路堵塞了，因此要到大井三巷去，唯一較容易通過的方法是登樓，從樓宇的走廊到達通往大井三巷的樓梯口，再下樓梯進去。否則，便要經過很多迂迴狹窄而又遍佈污水的小巷，好不容易才能到達。到西城二巷去考察，很容易了解發展商在使用該段土地時，是寸土必爭的。

　　西城三巷離二巷很遠，位置已接近北面街口。該小巷的巷口有座向陽樓，從向陽樓側面進去，走約十餘步即沒有去路，是一條窮巷，即廣州話所説的「掘頭巷」。從前在這裏以石屋和寮屋為主的時期，西城二巷是可以通往大井街去的，如今不能通往，也是由於建成高樓時將其中街巷作為高樓的地基，因而使這條小巷不能直通。

　　西城七巷是從東頭村道入口處的第二條巷，這條小巷是唯一能通往大井街的小巷，也是西城路唯一最長的小巷，它的位置在西城三巷之北，在西城路三十九號側轉入。

　　西城橫巷是西城路最北的一條小巷，也是從東頭村道入口處見到的第一條橫巷。巷很短，沒有樓宇，它只是兩邊高樓之間的一條窄巷而已，實際上是西城樓的後巷。

## 長安里和長興里

　　長興里和長安里都是西城路的兩條獨立命名的小巷。

　　長安里位於西城二巷和西城三巷之間，它本是大井四巷的一部分，在寮屋時期，可從大井四巷通到西城路去。由於建築高樓大廈，要利用巷地建成地基，於是使用了大井四巷的部分巷地，而使大井四巷不能直通到西城路去。

　　由於這裏後來興建了一幢高樓，發展商命名為長安大樓，因此這一段原屬大井四巷的小巷，便名為長安里，是一條進入長安大樓去的小巷。

長興里位於西城路的西段，它原是從前西頭村長興里的一段。西頭村拆遷後，便剩下這一段長興里，它的位置在西城路、長樂樓與龍如樓之間。

## 天后廟街和天后廟後街

天后廟街位於城寨北區，街道隱蔽於高樓大廈之間，不容易尋覓。要到這條街去考察，應從東頭村道那邊，走進老人街的街口，沿老人街向南行，約走三十步，見到桂盛樓，向東轉入即可。在天后廟街的正中地帶，有一座天后古廟，這條街就是因街上有座天后古廟而命名為天后廟街的。它的命名原因，和港島銅鑼灣的天后廟道相同，銅鑼灣天后廟道口也有一間天后古廟。它又和九龍油蔴地的廟街的命名類似，廟街也是因為街上有天后廟而命名的。

九龍城寨內的天后古廟並不是建築城垣時就有的，它只是三十年代才建成的廟宇。但廟內的天后神像則是很早以前便有，它比九龍城寨的城牆還古老幾十年。

當道光二十七年（1847）建九龍城寨城池時，城內建有一座關帝廟。關帝廟是清朝法定的廟宇之一，凡武官於每月的朔日和望日都要到廟內進香。這是城寨在建城時建一關帝廟的原因。

城寨的關帝廟在三十年代初已經因年久失修而倒塌，城內就變成沒有廟宇。1933 年，香港當局動工擴建九龍灣一帶，當時因修築啟德機場及填海開闢通往牛池灣到西貢的公路，城寨外面的

鄉村亦被清拆。當時城寨外有一條鄉村名沙浦村，村外近海處有座天后古廟，是鄰近地區和鄉村居民供奉的海神。當局既要填海開發該地區，沙浦村亦在清拆之列，而這座天后古廟自然也難倖免。因此坊眾便在寨城之內，建一座新的天后廟，把沙浦村外舊廟的天后神像扛進城寨的天后廟去供奉，這便是城寨天后古廟的來歷。相傳這座天后廟的基址，就是選在已倒塌的關帝廟的基址建成的。

因此，城寨的天后古廟歷史只有五十多年，但廟內的菩薩則有二百多年的歷史。按照民俗習慣，廟門前面的地方，不適宜建築民房居住，是以在初期移居城寨的人，只在廟宇兩邊的地皮建屋居住，留下廟門對開的空地，作為廟宇的公地，天后廟街也是在五十年代開始形成的。

當移居城裏的人不斷增加時，屋宇便不斷在天后廟旁邊建成。形成一條狹窄的街巷，這條街巷可通出光明街去，因它是天后廟街的橫街，因而名為天后廟後街。

初期天后廟街和天后廟後街的房屋僅是兩層高的石屋和磚屋，在七十年代城寨內大力發展高樓大廈時，這些位於天后廟前和天后廟側街道的房屋，也建成了高樓。住在高樓上的人常常不顧公德，把廢紙和廢物向下拋棄，使得天后廟前面的廣場，常常堆滿垃圾。負責管理廟宇的人不勝其煩，每天要掃十多次垃圾；有時在掃垃圾時，上面高樓常有瓶罐等物擲下，威脅清理垃圾的工作人員。因此廟中的主理，斥資在天后廟頂建一塊「天羅地網」，保護整座天后廟，把擲下來的廢物阻隔，不會擲到地上。

## 義學巷

義學巷是城寨一條獨立的小巷，這條小巷位於大井街中段，巷極狹窄，巷口隱蔽。它的入口處在大井街文興樓旁邊。它原先是和龍津義學側的龍津三巷連接的，並可通到龍津義學的後門去。但現時已不能互通，只留下近大井街西面的一段。

義學巷的命名是因為它從前位於龍津義學後面，龍津義學是城寨內一所社區性質的學校，民國時曾改為國民小學，一直是九龍城區的街坊學校。這所學校在 1948 年強拆城寨事件時，尚未倒塌，不過已經破爛不堪。

在七十年代，城寨開始出現地產發展商私下爭相興建高樓大廈的現象時，龍津義學便在原址建成一座高樓，名為義學大樓。在義學大樓西邊，建了三興樓、萬安樓、萬成樓等高樓。因此，義學巷便不能通到義學大樓那邊去，只留下大井街西面的一段義學巷。

義學大樓在興建時，仍保留「龍津義學」的樓額，一副石刻門聯依然嵌在大樓兩側。大樓樓下的大堂內用鐵閘關鎖，據説裏面仍保存着百多年前龍津義學的碑刻和古物。

從城寨街巷的命名中，可以觸及城寨街巷和建築物的發展的歷史。這些街巷，在若干年後，將會變成歷史陳跡，如果不詳細地記錄下來，等到將來把九能城寨所有的建築物都拆去，想再追述，已是不可能了。這是本書特地加上這一章的原因。讀者可參照本章的寨城街道圖，再印證本章所述，則將來九龍寨城即使變成一座怎樣的花園，也可以從這一章和附刊的圖片回憶當年九龍城寨的境況。

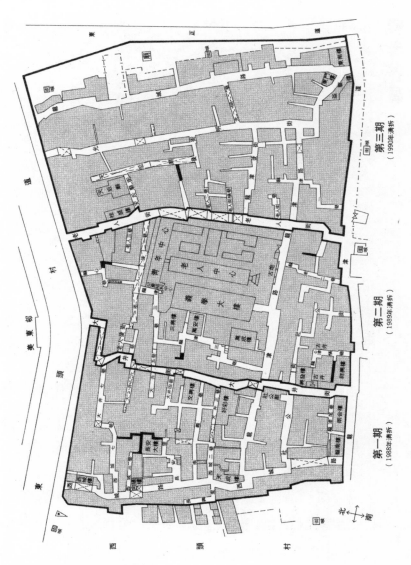

九龍城寨街道及分期清拆略圖

# 參考書目

## 一、史料

1. 《林文忠公政書》
2. 《後漢書》
3. 《清末對外交涉條約輯》
4. 《新安縣志》
5. 《粵閩巡視紀略》
6. 《廣州府志》
7. 《廣東海防彙覽》
8. 《廣東圖説》
9. 《籌辦夷務始末》

## 二、近人研究

1. 劉蜀永：〈天地會攻佔九龍寨城史實考訂〉，《近代史研究》1987 年第 3 期。

2. 簡又文：〈宋末二王南遷輦路考〉，收入《宋皇台紀念集》，香港：趙族宗親總會，1960 年。

3. 林友蘭：《香港史話》，香港：香港上海印書館，1978 年。

4. 饒宗頤：《九龍與宋季史料》，香港：萬有圖書，1960 年。

# 孔安道圖書館獲街坊支持已世界知名

附錄

## 洪聖街和鴨脷洲

### 香港街坊志
DEC 1981

## 香港上海

## 香港街坊志

長洲和張保仔

夏歷

## 香港淪陷時期用土紙印刷的小說

魯金專欄

## 港滬雙城展展品多

冷暖天鵝

香港南華書社印

## 唯一趄報有所謂

代理派報者題名

乙巳年六月初二日 拜二

## 1922年報紙每份由三仙加至五仙

魯金專欄

# 龍津義學

龍津義學是九龍城著名的古老建築，與九龍寨城同時在清道光二十七年（1847）建築完成。

這一建築物在當時，規模相當壯麗而軒敞，款式像從前的所謂「貢院」一般。門前有小廊，從石級上去，兩旁有石柱、石欄。門上有石額，刻着當時新安縣知事王銘鼎所寫的「龍津義學」四字。門的兩旁鑴有門聯：「其猶龍乎，卜他年鯉化蛟騰，盡洗蠻烟蛋雨；是知津也，願從此源尋流溯，平分蘇海韓潮。」裏面共分三「進」，前「進」左壁，鑲着〈九龍司新建龍津義學敘〉，中間是曠地，後「進」是講堂。

當時對面的大照壁，橫寫「海濱鄒魯」四個大字，每個約有丁方五尺大小。旁邊有一座魁星閣，共兩層，高兩丈多，於清光緒二十三年（1897）建成。

這所義學，彷彿就是當時的鄉公所，因為凡是九龍司的鄉眾事務，都在這裏舉行會議，九龍司各鄉長都來出席。民國以後，九龍城人士曾在這裏辦過「九龍城公立高初兩等義學」。

壁上的敘文，也是王銘鼎所作，書法像皇甫君碑，內有九龍城歷史的記載，全文如下：

有因時制宜者出，相機勢，備經營，即事求治，而招攜懷遠之意，以寓蓋世經濟之才，如此其難也。粵東素稱樂土，人文與中州相埒，貨財之所萃薈，番舶之所駢集，富庶又甲於他省。新安地濱海邊，邑縣有官富司。猶濱海邊司耳。然衣之裔曰邊，器之羨曰邊，器敔

自羡始，衣敗自裔始，則凡官邊地者，靖共厥職，宜什伯中土，而厭薄之，獨何心歟？道光二十三年，夷務靖後，大吏據情入告，改官富為九龍分司，近量宜於遠，築城建署，聚居民以實之，雖備內，不專為禦外，而此中稟承廟謨，計安海宇，誠大有濟時之識於其間，而非苟為勞民而傷財也。今年余奉調視事，巡檢許君文深來言，有龍津義學之建，副將黃君鵬年，通判顧君炳章，喬大令應庚及君許捐銀若干為經始也，租歲可得若干以資生徒，彷古家鄰之制，擇其尤者居焉，人必胥奮。嗟乎！此真即事求治，能以無形之險，固有形者也。今國家民教覃敷，武功赫耀，無遠弗屆。九龍民夷交涉，人情重貨寶而薄詩書，有以鼓舞作興；則士氣既伸，而外夷亦得觀感於絃誦聲明，以柔其獷悍之氣，所為漸被邊隅者，豈淺鮮哉？落成，司人以文請，既滋愧許君能助我不逮，而重為司人深無窮之望也。記之俾勒於石。

三十年代末期的龍津義學廣場

龍津義學對面的魁星閣，照壁題有「海濱鄒魯」四字，反映當時該處瀕臨海邊。

# 龍津石橋

談起九龍碼頭歷史，追溯起來，真有無限滄桑之感！現在不但找不到九龍碼頭的故址，連九龍碼頭前身的龍津石橋遺物，如碑記、土炮等，也化為烏有！唯有文獻，可資考證。

當滿清政府割讓九龍給英國而保留九龍寨城那豆樣小的地方之際，同時在條約訂明保留「碼頭一座」，以為九龍寨城通海之用，這座碼頭，就是那著名的龍津石橋了。

根據文獻考究起來，龍津石橋長六十丈，闊六尺，橋柱二十一條。清同治十二年（1873）動工，清光緒元年（1875）完工；經過十八年後，因為潮汐往來，砂石沖積，橋和水的距離，一天一天遠，沒有辦法不把它加長，於是在光緒十八年（1892）續作木橋，加長二十四丈，橋的盡頭，作丁字形，寬一丈二尺。

因為年復一年，不加修理，橋身的木石，漸漸散失，終於僅存一小部分石橋，交通當局為了便利居民渡海，馬上利用這殘餘石橋建築起一座九龍城碼頭，給香港油蔴地小輪公司的香港九龍綫小輪灣泊。

龍津石橋有一塊碑，記載橋的來歷，是廣東有名文人何淡如（又雄）所作，冼斌書，全文是：

新安地瀕遐海，九龍山翠，屏峙南隅。環山居者，數十萬家。自香港埠開，肩相摩，踵相接，估船番舶，甲省東南，九龍趁集日夥。蜑人操舟漁利，橫流而渡無虛期。地沮洳阻深，每落潮，篙師無所逞。同治歲癸

酉，眾釀金易渡而梁。計長六十丈，廣六尺，為磡二十
有一，糜金錢若干，光緒乙亥橋竣。夫除道成梁，古王
遺軌，然工程岔集，往往道潰於成，謀夫孔多，職此之
咎。今都人士，一乃心力，以告厥成功，使舊時澱淬之
區，成今日津梁之便，垂之綿遠，與世無窮，此豈地之
靈歟？抑亦由人之傑也。

　　銘曰：叱鼉橫漢，駕鵲凌霄，在天成象，在地成
橋。杖擲虹飛，受書溪曲，抑桂攀丹，垂楊撲綠。斬蛟
何處，騎虎誰人，高車駟馬，於彼前津，石昏神鞭，杵
驚仙搗，乘鯉江皋，釣鯨烟島。帽簷插杏，詩思吟梅，
風人眺覽，雪客徘徊。繫彼雌霓，臨江炫彩，剡此滄
溟，樓船出海。乃邀郢匠，乃命捶工，絚牽怪石，斤運
成風。投馬完隄，斷黿支柱，未雲何龍，屹立江滸。鹵
潮碧暈，鹹汐珠圓，魚鐙掩月，蟹火沉烟。黃竹肩箱，
綠荷包飯，彼往經營，此來魚販。蘭橈剪浪，桂枻凌
波，震天水調，月夜漁歌。陵谷雖遷，滄桑不改，鞏於
金湯，萬年斯在。

　　後來，龍津石橋加上一節木橋，又豎一碑，記載經過，全文
寫在下面：

　　　天下事有致力於此而收效輒及於他事者，其機不
數覯，要惟好行方便者往往得之。九龍濱海龍津石橋，
創於同治癸酉，問津者咸便利之。顧地為巨浸所朝宗，

潮汐往來，沙磧多停蓄，自成橋後，歲月積漸，滄桑改
觀，邇來橋之不逮於水者，殆猶今之視昔焉。於是商於
是地者，謀所以善其後也，仿招商局碼頭之制，續作橋
廿四丈，又於其端為丁字形，寬一丈二尺，其製精而其
費較省，且易石而木，泊船時亦無兩堅激撞之患，其為
用亦更適，計釐題捐洋錢一千七百有奇。至渡港小輪船
以斯橋之利其載運也，每船願月輸碼頭租銀若干。會樂
善堂施濟所需，捐款不恆，至僉謂碼頭租款宜屬之樂善
堂，永資挹注，蓋藉斯地之財，即以濟斯地之用，實一
舉而兩善具焉。昔莊子有言：以鹵莽耕者，天即以鹵莽
應之；茲則以方便行者，天亦以方便應之，人事所感，
即天心所感，即天心所錄，斯可以識其大凡矣。是不可
以不記。且為之銘曰：長虹飲川，波湧雲屬，架木為
樑，用拷黿足，如雁齒之平，匪鼃脛之續，資沾溉夫善
堂，樂斯人之得欲，合藏市以出塗，慰成功而相告，銘
貞石以勵來茲，擬郇閣之頌於蜀。己卯科舉人揀選縣知
縣麥拔愷謹撰。光緒十八年歲次壬辰仲秋吉旦。

　　上面兩碑，不是放在龍津石橋的橋頭，而是放在龍津亭裏。
這座亭子，建築在龍津石橋之前，即九龍大街街口，九龍大街即
後來的隔坑村道，現在一切都成陳跡。

　　龍津亭是跟龍津石橋互有關連的一座建築物。亭的形式極為
古舊，分上下兩層，形似天壇，四面有門，構造工巧。亭上有石
額，刻有南海潘士釗寫的「龍津」兩字。

這亭子，可以供行客休憩避雨，也能夠藉以迎接官員，所以也有人叫它做接官亭，因為年久失修，清同治十三年（1874）曾重建一次。

1930 年，香港政府積極建設九龍，一面填築啟德濱，一面開闢西貢道、衙前圍道、太子道，這座亭子因而才給清拆。但是，當時商民請求保存亭內兩座石碑，以及鎮守龍津橋頭那座炮台的四尊大炮（其中一尊，刻有「嘉慶十四年吉日新造，靖字第三十六號，二千觔砲一位，匠頭萬盛爐鑄」字樣）。香港政府答應了，於是把大炮和石碑放在九龍城警署前西貢道口的三角形草地上，三面圍繞鐵鏈，並加刻一塊銅碑放進去，寫着「世事滄桑」四字，下面還有幾句話：「此碑乃香港政府於一千九百三十年由通至九龍舊城之水埗門樓遷至此地，各砲為守該水埗砲台之軍用品，今置茲以保存古跡。」

# 侯王廟的一段典故

位於九龍城的侯王廟，香火之盛，過去曾一度超過香港九龍其他廟宇，因為善男信女一致承認侯王這神異常靈應，所以廟內廟外都掛滿「酬答神恩」的紀念物——匾額或對聯，表示他（她）們的虔誠。正門的門楣掛有「惠及遐方」一匾，是同治七年（1868）「賞換花翎即選都府郭繼汾，賞戴藍翎候選游府郭繼榮」送出的。又有一匾，題着「至誠前知」四字，是「廣東大鵬協副將賴鎮邊」送的，官員尚且這樣崇敬，何況商民？所以「濯濯厥靈」、「恩光遠蔭」、「宮殿重輝」、「侯保扶持」等等匾額掛滿四壁。我們在官吏題額之中，最注意的是「折洋鋤盜」這四個大字。造匾年月是光緒十四年（1888），署名是一班「信官」：大鵬協副將何長清、中軍都司司徒驥、右營守備陳朝光、左營守備梁鴻謀、千總賴國芬、外委楊綉展、外委黃勳高、記委賴國寶……等。

該匾額因為題辭特別，故能引起人們的好奇心。問起九龍城的老居民，意外地找到一個神奇的解答。因為光緒十四年間，廣東有幾股土匪，其中有一股是歸一個綽號「花旦滿」的首領指揮的。花旦滿這名字雖然這樣溫柔而帶有女性化，可是其人很兇，在鄉下已橫行一時，打家劫舍，無惡不作。治安當局曾經屢次派兵圍剿，可是此拿彼竄，常常因為他的耳目靈通，官軍不曾開到以前，早就聞風溜走了。後來官府懸紅緝捕，若有人拿到花旦滿上衙門，給他一萬大元。以為重賞之下，必有勇夫，花旦滿一定難逃法網。可是花旦滿生性兇狠，終於沒有誰敢向他下手。

光緒六年（1880），大鵬協副將賴鎮邊贈九龍城侯王廟的橫匾。

光緒十四年（1888），大鵬協副將何長清等中國官員贈九龍城侯
王廟的橫匾。

侯王廟側的鵝字石。「鵝」字一筆寫成，是東莞張壽仁手書。（攝
於 1938 年）

後來，官家對他緝捕極緊，他雖然兇殘，但也愛惜自己的性命，假使萬一不慎有部下造反，或受偵探威脅，也難於保全首領，不能不早為之所。其時澳門這一塊地方已經給葡人割據，不但成為東方賭城，而且是廣東土匪的逋逃藪，花旦滿看中澳門能夠掩護他，也動念潛往該地，使官中人奈何他不得。等官方注視之力緩下去時，再出活動。大概花旦滿的活動範圍，是在寶安、中山一帶，因之遭受他騷擾的鄉村地方很多，連九龍也在裏面。負責九龍地方公安的首長，對於花旦滿的緝捕，當然也不遺餘力，務要達緝拿此人法辦，為民除害，大鵬協副將何長清是這地方的首長，因為花旦滿神出鬼沒，他一籌莫展。其時，運用外交手段來辦一件事情，已漸漸為清政府所採用，據說，何長清這班「信官」，曾在侯王座前請求指示機宜。結果，請由主管當局委派外交官和九龍官吏合作，由九龍官吏派出差弁，前往澳門探悉花旦滿的居處，會同當地警察，突然掩捕。於是這著名大盜就給引渡回九龍歸案，執行死刑，除去地方大害。此事被何長清等認為是侯王指示之功，特送匾恭頌。從侯王廟這段典故，可見中國政府官員當年在九龍城內行使職權的情形。

# 九龍城居民三次被迫遷經過

1947 年 11 月 27 日，香港政府工務司通告九龍城內居住着的一部分木屋居民，指出其住所範圍屬於「官地」，要在十四天內搬遷，並要把那塊地皮整理清潔，否則即行代拆。

查考史料，香港政府的主管機關要九龍城居民搬到別的地方，前後已有三次。

關於九龍城的管治，過去，有一個極長的時期，形成一個「三不管」的地方：第一，因為九龍城這一地方，區域太過細小，人口又不很多，沒有收入，不能設官治理，昔日廣東官廳對於九龍城的中國主權，老早就很像不過問；第二，香港方面，鑒於條約關係，也不過問。因此，九龍城內居民只好自己過自己的「法外」生活。

1933 年 6 月 10 日，新界南約理民府亦曾通告城裏居民，叫他們在 9 月以前，全部搬出，得酌量給回建屋費，並且指定九龍城外的狗虱嶺（在慈雲山腳）地段，為他們建築房屋之用。當時南約理民府要九龍城裏居民搬遷的理由是：九龍城無人管理，居民不講究衛生，城寨外市區的衛生建設，恐怕要受到影響，因而要把城寨裏的房屋拆掉，加以清潔。在事實上也許是這樣，可是，九龍城的居民，多數是貧苦人家，叫他們搬走，實在是沒有辦法，何況還要起屋？而且，他們又明白所住的地方，是一塊中國國土，因此，他們對於南約理民府的通告是不肯依從的。

當時五省外交特派員甘介侯，因為這一事件之發生，特根據

條約規定，和英政府交涉，英方終於取消原議。

　　三年以後（1936）的 12 月 29 日，有英警二人、華警二人、工人五名，到城寨內門牌二十五號民屋，實行強拆，於是又惹起一番交涉。

　　當時，有九龍城居民代表盧章和楊偉雄二人，在當天上午 10 點鐘，用長途電話向兩廣外交特派員刁作謙報告，刁氏即將情形報告外交部。31 日，刁作謙就以下兩點繼續和英國駐廣州總領事費理伯進行談判：一、前英國駐華大使曾覆牒聲明，以後不至再有強迫居民遷居事，但於 12 月 29 日忽又強行拆毀居民屋宇，顯有違背覆牒明文，亟應履行前約；二、關於九龍城之管理，應繼續談判，早日恢復該處之我方行政權。

　　另一方面，盧章和楊偉雄二人，在 31 日那天，前往廣州，請見刁作謙，由秘書凌士芬接見。請願結果分為三點：一、香港政府違背前英國駐華大使覆牒的聲明，已經由外交當局向英國駐華大使提出嚴重抗議，同時和英國駐廣州總領事費理伯進行交涉；二、由九龍城代表將英警強拆的民房及其門牌號數，攝影備案，以為進行交涉的充分證據；三、對於已被英警強拆的民房，當向英方交涉，並要求對屋主補回相當損失費。兩代表對這三點表示滿意退出之後，再向廣東省政府主席黃慕松作同樣請願，由秘書長岑學呂接見。岑氏答應把請願各點轉達黃慕松，其後省府也咨函刁作謙氏從速切實辦理。但這一交涉的結果，沒有完滿解決，而抗戰即已發生，後來日軍在廣東登陸，侵陷廣州，這事件就一直成了懸案。

# 九龍城寨發展的變化及由來 [2]

中英兩國對城寨問題，經過雙方洽商，達致共識。公佈以後，受到各方關注，現在對清拆的賠償及安置等問題尚待研究解決，本會是城寨居民的組織，深感有責將城寨的情況作出正確的介紹，俾社會各界人士能對城寨環境及城寨居民有所瞭解，有助於問題順利和合理解決。

## 一、城寨的變遷

### （一）「藏污納垢」、「罪惡溫床」已成歷史陳跡

提起「城寨」，人們自然想到是「藏污納垢」、「罪惡溫床」之所，其實這是歷史的陳跡，經過幾十年的變遷，這種情況經已成過去。五十至六十年代，城寨內一段時期的確存在着黃賭毒活動的問題，但隨着香港社會發展，以及城寨內自身的演變，如屋宇樓房的改建、人口急劇的增長，正氣上升，城寨內的毒品、賭檔、黃色架步等問題已逐漸減少以至消失。

六十年代中期起（在福利會 [3] 成立後），城寨內的販毒、吸毒活動已逐步轉出城寨之外，轉到附近一帶寮屋內活動，過去人們也把這些地方作九龍城寨範圍。故仍有以為城寨有毒品問題的概念。六十年代後期，城寨內毒品活動已基本絕跡。十多年來，當

---

2　本文原載於 1987 年 2 月 16 日出版之《城寨福利會通訊》。

3　指九龍城寨街坊福利事業促進會。

局破獲毒品案件中較大的，都是在城寨之外。

賭檔、狗肉檔在六十年代後期在城寨內亦已不復存在。

黃色架步，自七十年代起亦已逐漸衰落，最後一間在六十年代中期出現的脫衣舞和放小電影的「新華聲」架步亦已在 1971 年之前結束了。目前，在城寨內黃色架步還有一點殘餘。這種情況和社會上某些地區的黃色架步相比已算少了，所謂「罪惡之所」、「三教九流之地」是歷史陳跡。

### （二）人口稠密、樓宇擠逼

城寨人口是從戰後起才逐步增長起來的。1951 年，東西頭村大火，當時城寨只有幾千人，至六十年代，躍至二萬多人，1982 年城寨福利會曾作過人口和戶數抽樣調查，統計共有一萬二千多戶約四萬人。近幾年來，遷入城寨居住者少，而遷出者較多，有居住環境原因，也有些年輕人結婚後便搬出城外，故城寨內有不少空置單位，特別是城寨中間地帶。

五十年代，城寨的屋宇，一般都是木屋和兩層高的木樓，也有一些石屋和二三層高的石屋。六十年代初，則開始建有五六層高的石屎樓。1963 年最高的一幢也只有七層（福利會舊址），六十年代後期起，屋宇開始向高空發展，改建為十一二層。七十年代更改建或加高至十四五層，最高至十六層。到了八十年代，樓宇已達飽和，建築經已放緩。寨內樓宇高聳，只有兩幢設有舊電梯兩部，其餘都要徒步上落，一旦火警發生，是會有安全的問題。

## 二、城寨發展至今的由來

戰後以來，城寨發展成為今天的現象，我們覺得有兩個基本的原因：一是歷史遺留下來的所謂「三不管」，這原因人們都知道了，這裏不再多說；另一個則是社會因素，這個社會因素也和歷史遺留下來的傳統觀念相互混合起作用。

城寨特點之一是樓宇和人口密集，確實達到令人難以置信的程度，相信這是世界上獨特的現象。

城寨的人口和樓宇如此擠逼，是與香港社會變化有密切的關係。人們還記得，六十年代中期到八十年代期間，香港人口發展迅速，社會住屋短缺，樓價、租值迅速提高。社會上低下層的市民，限於經濟入息低微，為求棲身之所，只得搬進城寨，以較低廉價格購買或租賃樓房安身或養老，因在城寨購買樓宇不用繳交差餉、地稅、物業稅，甚至在買賣時律師費、釐印費也可省卻。

另方面一些小型工場工廠，由於城寨外樓宇價格昂貴，寨內租金低廉和「不受管制」，因而逐漸搬進寨內，開設這些小型工場、工廠或為外間大廠加工生產或自製自售，因而導致寨內樓宇價格上升，進一步促使城寨樓宇急促改建或向高空及不規則的發展，從而構成了今天寨內環境惡劣和出現各種問題的現象。

城寨特點之二是牙科和診所集中。

在八十年代之前，香港醫療及牙科服務短缺，但牙科和診所在城寨開設由來已久，早在六十年代初期，一些社團及醫療車在平民區為平民診病，當時已有一些沒有註冊的內地醫生在駐診，城寨的牙科及診所就在這個時候發展起來的。

城寨的牙科和診所，一直以來，香港法律雖然不予承認，但是長期以來，在社會上牙科及醫療服務不足的情況下，他們的存在及所提供的廉價服務，對補給社會上牙科和醫療不足是能起輔助作用的，這點不能忽視。

城寨的牙科和診所，服務對象主要是勞苦大眾，因而他們能夠存在和發展。他們的設備也隨着時代而更新，至今寨內一些牙科及診所也是頗具規模的。據不完全統計，七十年代以來，曾到城寨診所就診的有數十萬人次，其中一家診所近年來平均每天到診的也有百多人次。這些數字說明了城寨診所及牙科的作用，也說明人們對城寨牙科及診所是信任的。

至於城寨內的小工場、小工廠，利用了寨內廉價的租金，為附近居民提供就業機會，生產廉價產品，對港貨外銷內銷、社會經濟發展都有一定的作用。

城寨的幾萬居民包括在城寨從事各行各業的，都是香港合法居民，和香港居民一樣為社會繁榮建設作出貢獻，由於種種原因，長期以來，默默無聲處在這惡劣的環境裏生活，除了治安、消防和有限度的清潔服務外。於 1985 年九龍城區議會也曾為城寨街道裝置街燈五十多盞，耗費三十萬元，城寨居民對他們的關心表示感謝，然而比較起來，城寨居民得到社會的福利和社會的照顧卻是很少的。

設想一下，如此龐大的居民群，不是在城寨居住，或要搬到香港任何地方，蓋搭寮屋或政府很早之前要為他們多建一萬多個居住單位去安置，社會需要對他們付出多少人力、物力和財力？這項費用定是相當龐大，可以說，城寨是承擔了減輕社會上住居

未經港府承認的牙醫、西醫雲集城寨開業，成了此地的特色之一。

城寨的樓宇多無食水供應，居民唯有到街喉拿取用水。

壓力的作用。

　　城寨福利會自 1963 年成立以來，為城寨街坊服務，包括在區內進行鋪路、維修渠道、設置街燈（二百多盞）、裝設路牌、宣傳防火、清理街巷垃圾堆積、為坊眾排難解紛、舉辦各種街坊康樂活動和各種福利服務等等，一切的經濟開支，都是自城寨內居民捐獻而來的，福利會每年一切經費全部來自城寨居民本身，福利會也沒有受到外間任何方面的資助。

　　回顧一下城寨對社會緩解住屋負擔的作用和聯繫今天城寨居民遭遷拆的困難處境和現實，對他們作特殊、優惠的安置和賠償，這是可以理解的，也是應該的。


## 三、城寨居民受清拆的影響

### （一）各行各業

　　工廠廠主和店東均擔心今後能否繼續本行業的經營，對於找尋適當場地，支付的租金，搬遷、裝修和設備費用，領取牌照及所花時間等等都在擔憂之列，特別是食品製造和飲食行業，對今後的營生出路和生計都表示非常焦慮。一些經營者還要解決工人遣散問題，一些工廠也要考慮能否再接訂單等等。

　　牙科和醫生，在城寨開設已久，拆遷後，生計頓失，何去何從，如要他們轉業，這是相當困難的事。

　　供水商，他們開設水井，供水予居民，幫助居民解決用水困難，收取費用，每月收入利潤不大，但這是固定的收入，拆遷

後，斷絕了收入，並從第一期居民遷出開始，收入便受影響，能否繼續維持至最後，也是問題。

地產買賣公司及建築商，他們是首當其衝，1月14日起便停止營業，一些已談妥的買賣，亦已「撻訂」；一些建築商，新建的樓宇全部無法賣出，更有一家建築公司收購了兩幢樓宇，補償業主和住客遷出，打算重建，預計可以賺回相當的利潤，現在卻擔心化為烏有。

城寨各行各業受拆遷的影響，由於利益影響較大，情緒較為激烈，特別是大業主、牙科及醫生。

### （二）自住業主

這部分居民約佔百分之六十。他們將一生儲蓄或向戚友貸款購買居所，安身養老，作長久打算。此地除繳交水電費外，一切開支幾乎全免，因而花費一大筆裝修費，特別是居住在城寨四周，位置、空氣陽光較好的住所的居民，對於清拆，卻是相當不願意發生的事；就是在寨內居住環境較差的居民，也由於生活習慣了，搬出去要支付高昂的租金，同時將來遷入新址，一切裝修費用更是一項巨大的支出，他們也感到難以負擔。

上有水喉、電綫，下有垃圾、污水，是城寨街道的一大特色。

### （三）一般小業主

一般業主大部分原是城寨居民，遷出後便把物業租出，收取租金以幫生計，同時樓價、租值逐年增加，其資金得以保值，今一旦拆遷，如只得一筆賠償金，誠如「母雞被殺再無雞蛋可取」，一些擁有位置較好或地下店舖的業主，損失更大，特別在這兩三年內，租客因清拆會逐步遷出，其收入亦將逐步減少。

### （四）租客居民

租客一般來說，將可入住公屋，還會獲得搬遷費，可以改善環境，但需要擔心的是，入住公屋後將來須交貴租，這也會加重負擔。

## 四、傳統觀念和居民利益的得失

由於歷史遺留下來的原因，城寨居民，包括業主和各行各業的經營者，都認為此地樓宇、物業和經營不用繳付差餉、稅項，各行各業不受管制，城寨不會在近期拆遷，由於這個根深蒂固的傳統觀念，因此，在城寨居住、謀生、享用特殊收益者，都作了較長期的打算。今突然宣佈清拆，其傳統觀念和利益的衝突，顯得難以置信和難以接受，這些歷史形成的問題，不能不認真和妥善去解決的。由於歷史因素和傳統觀念，解決城寨問題較之處理一般市區重建清拆問題，是政治影響較大和複雜得多的。因此，處理其賠償和安置問題，盡可能照顧到居民各方的利益，緩和其激動情緒，在某些問題上給予特殊優惠的處理，使整個工作得以

和平、穩定地順利進行，這是我們深切的希望。


## 五、結束語

　　基於以上所述，對待城寨拆遷的安置和賠償辦法準則，應比一般市區重建清拆的辦法較為優厚，雖經濟的開支稍大些，但避免不必要的波動出現，以一次過較徹底解決歷史遺留下來已久、對社會帶來種種不良的影響和存在的陋弊，這從現實和歷史的影響都有深遠的意義，這也是愛護香港的廣大社會人士喜見的好事。

# 中國外交部新聞發言人談清拆九龍城寨

中國外交部新聞發言人於 1987 年 1 月 14 日上午 9 時 15 分談及香港英國政府準備清拆九龍城寨一事，指出從整個香港的繁榮與穩定出發，中國對此表示充分的理解。

有關談話的內容大致如下：「九龍城寨和香港其他地區一樣是歷史遺留下來的問題，但有其特殊的歷史背景。中英兩國政府 1984 年 12 月 19 日簽署了關於香港問題的聯合聲明，圓滿地解決了中國政府於 1997 年 7 月 1 日對整個香港地區恢復行使主權的問題，從而為盡早從根本上改善九龍城寨居民的生活環境創造了條件。切實改善九龍城寨的生活環境，不但符合城寨居民的切身利益，也符合全體香港居民的利益。因此，從整個香港的繁榮與穩定出發，我們對於香港英國政府準備採取妥善措施，清拆九龍城寨，並在原址上興建公園的決定表示充分的理解。」

# 港府發言人就清拆九龍城寨答記者問

香港政府於 1987 年 1 月 14 日上午宣佈清拆九龍城寨。同日中午，港府發言人舉行新聞簡報會，向記者提供九龍城寨清拆計劃的背景資料。

港府發言人說，聯合聲明生效後，為解決九龍城寨問題建立了基礎，中英雙方經過幾個月的討論，達成共同認識，作出清拆城寨的決定。

港府發言人說，受清拆計劃影響的四至五萬名城寨居民都會獲得賠償和合理安置，而港府估計要動用數十億港元作賠償，全部款項由港府支付。

港府發言人說，短期內清拆計劃對輪候公屋申請人會有有限程度的影響，但未來三年，當局有足夠公屋、居屋單位供應。

以下為港府發言人在簡報會上答覆記者問題的大致內容：

問：為甚麼港府在這個時間清拆九龍城寨？

答：九龍城寨在環境衛生、防火等方面的問題已存在相當長時間，大家都知道這個問題，希望盡早採取行動解決。整個清拆計劃港府與中國政府有接觸、有溝通。經過一段時間與中國政府商討，交換意見，現在雙方達成共識，認為這件事應該去做。

問：清拆計劃是否獲得中國政府同意？

答：從中國外交部的聲明，可以明白整個清拆計劃有共同認識。該份聲明清楚顯示中國政府完全理解清拆計劃的需要和支持港府公佈的安排。

問：可否再解釋九龍城寨業權問題？

答：在這件事情上，九龍城寨的土地業權並不是關鍵。所提到的業權是在九龍城寨裏面居住的人的居住業權，當港府考慮安置或賠償時，這是個重要問題。

問：他們安置在哪裏？

答：受清拆的家庭，符合資格可以獲得安置在九龍城區附近，若果他們要求去新界，也可以，總之盡量方便他們。

問：是否有足夠單位安置？

答：港府估計未來三年，有十四萬個出租公屋、「居者有其屋」和私人參與居屋計劃的單位落成。而大概有一萬個九龍城寨居住的家庭需要當局安置，應該有足夠單位容納這些家庭。

問：賠償金額怎樣計算？

答：特別委員會其中一項工作是為清拆賠償作出建議，當局對賠償金額是根據既定政策處理，但有靈活性，視乎環境而定。

問：涉及賠償的金額有多少？是否由港府獨力支付？

答：賠償金額由港府負責，大約數十億元。

問：在九龍城寨無牌行醫的牙醫怎樣處理？

答：特別委員會工作範圍包括考慮賠償、安置和個案，而無牌牙醫屬個案，由委員會按特殊情形的個案處理。

問：是否由今日起，九龍城寨執行香港一切的法律？

答：所宣佈的計劃為解決九龍城寨問題找到長遠妥善辦法。計劃推行期間，九龍城寨與香港其他地方一樣處理。

清拆前的九龍城寨

## 香港新華社發言人就清拆九龍城寨答記者問

香港英國政府於 1987 年 1 月 14 日宣佈清拆九龍城寨的消息後，香港一些新聞記者就有關問題向新華社香港分社探詢，新華社香港分社發言人對記者提出的問題作了如下的答覆：

**問**：你對香港政府剛剛公佈的清拆九龍城寨的消息有何看法？

**答**：我外交部新聞發言人已就此事發表了談話。我國政府對於香港英國政府基於九龍城寨內建築、衛生和居民生活環境等原因作出清拆九龍城寨的決定表示充分的理解。盡早採取妥善措施改善九龍城寨四萬多居民的生活環境，這不僅符合城寨居民的切身利益，而且也有利於整個香港的穩定繁榮。

**問**：中國外交部新聞發言人談話中提到九龍城寨「有其特殊的歷史背景」這裏指的是甚麼？

**答**：中國外交部新聞發言人提及的特殊歷史背景是人所共知的，我想提請你注意的是：中國外交部新聞發言人的談話，從解決目前的實際問題出發，提出盡早改善九龍城寨居民生活環境，既符合城寨居民的切身利益，也符合全體香港居民的利益。中英兩國政府在九龍城寨的清拆問題上達成諒解，將會受到廣大香港居民的歡迎，正如中國外交部新聞發言人所講的，1997 年 7 月 1 日中國對整個香港恢復行使主權的問題，聯合聲明已經圓滿地予

以解決了。所以，應該從以上三個方面全面地理解發言人的談話精神。

　　問：如何理解中國外交部新聞發言人所說中英聯合聲明的簽署「為盡早從根本上改善九龍城寨居民的生活環境創造了條件」？

　　答：中英聯合聲明的簽署圓滿地解決了香港於 1997 年回歸中國的問題，促進了中英兩國友好關係的發展。在這種情況下，切實解決九龍城寨居民的實際問題有利於過渡時期香港的穩定繁榮，所以中英兩國政府順利地就城寨的清拆問題達成了諒解。

　　問：這個問題是否在中英聯合聯絡小組中討論過？

　　答：中英雙方就這個問題曾通過不同的渠道進行過有益的討論。

　　問：你對九龍城寨居民的安置和補償問題有何看法？

　　答：我相信城寨的清拆工作能夠在周密的籌劃下進行，相信有關當局能夠在再發展性清拆的基礎上對於居民的安置、搬遷和補償等問題作出妥善和合情合理的安排，有關具體問題如何解決，相信有關當局會根據實際情況並徵求有關人士的意見作出規定，我不便於在此先作評論。

## 補償及安置資格

### 安置

■ 你必須是香港的合法居民（持有香港身份證者），並於 1987 年 1 月 14 日清拆前登記當日及其後真正居住在九龍城寨。

■ 你必須於 1990 年 3 月 31 日止在香港居住滿七年。

■ 你必須並無其他居所，或擁有城寨以外的住宅物業（包括「居者有其屋」或私人機構參與計劃屋苑單位），而且沒有任何公共屋邨、平房區或臨時房屋區單位的租住權。

■ 除上述條件外，如欲獲配公屋單位或居屋，你的家庭至少須有兩名成員才符合資格。視乎供應情況，單身人士或可獲配獨立之公屋單位。此外，假如放棄租住公屋權利，單身人士及二人成員家庭可獲發給單身或二人成員家庭津貼。

■ 假如你不符合上述資格，你只會獲配臨時房屋單位。

### 業權

■ 你必須已於 1987 年 11 月 21 日或之前提出業權登記申請。

■ 你的業權登記申請必須經註冊總署九龍城寨權益登記處認為滿意。

■ 你必須宣誓證實擁有業權。

### 不合資格

■ 凡於 1987 年 1 月 14 日以後才入住城寨單位的人士，或將原訂樓宇面積分間、或興建新樓、或擴建原有樓宇面積、或新設營商業務，皆不會獲得業權補償或安置。1987 年 1 月 14 日後購置樓宇的業主，其補償金額不會超過公平市值。

### 上訴途徑

■ 凡被審定為不符合補償或安置資格之人士，可就其覺得不公平之處，向房屋委員會九龍城寨清拆事宜特別委員會屬下的上訴審裁小組提出上訴。有關小組將會聆聽你的申訴，作出仲裁，假如裁定你的申訴合理，政府自會接納有關小組的判決。

■ 附錄一載有上訴審裁小組之職權範圍。有關上訴申請詳情，請到樂富邨十七座專責事務辦事處查詢，或致電政務總署（電話：3-379906）。

### 租客的選擇

■ 假如你符合安置資格，你有權選擇：

（甲）租住公屋單位；

或

（乙）自資優先購置居屋資格。

■ 或假如你符合資格，亦可申請自置居所貸款計劃，借取免息貸款購買私人樓宇。關於此項貸款計劃之詳情，請留意房屋委員會日後之公佈。

■ 此外你亦可獲得因搬遷所需費用的補償，例如所需搬遷費。有關資料請參閱第八頁。

### 業主的選擇

■ 所有業主將會獲得不少於其樓宇公平市值的補償。

■ 假如你符合所有安置的資格，你有權選擇：

（甲）租住公屋單位，及補償金。金額相當於你目前擁有的樓宇單位的公平市值。

或

（乙）（一）一筆資助你購置居屋單位的現金補償（補償金額請參閱下表）

另加

（乙）（二）購買居屋單位的優先資格。

■ 或假如你有意購置私人樓宇，你除了可獲得上述現金補償外，更可申請自置居所貸款計劃之免息貸款。有關該貸款計劃之詳情請留意房屋委員會日後之公佈。

### 補償金額

■ 以 1987 年 12 月 10 日為準之資助購置居屋單位之補償金額計算如下：

| 可計算樓面面積 | 元 / 每平方米 |
|---|---|
| 首 23.44 平方米 | 9,670 |
| 23.45 平方米至 60 平方米 | 6,930 |
| 60 平方米以上 | 5,000 |

舉例：一間面積 65 平方米的樓宇單位將可獲得下開的補償金額：

（23.44 × 9,670）+（36.56 × 6,930）+（5.00 × 5,000）=$505,026

■ 除第三頁所載有關因購置、入住或興建樓宇單位以致不符合領取購置居屋現金補償之人士外，所有未符合安置資格的業權擁有人，其補償金額均可按上述方式計算以替代按其樓宇單位之公平市值之方式計算。

### 其他要點

■ 有關「可計算樓面面積」的定義，請參閱附錄三。

■ 假如有關樓宇並非業主自住或並非全部由所屬業主自住，如果租客之租約是有評估價值的，則會根據該租約之評估結果在業主獲得的補償金額中作適當的扣除。

■ 優先購買居屋資格是指合資格人士可以在居屋發售期間優先購置居屋單位，惟此資格僅限使用兩次而擬購置之單位位置仍要經攪珠決定。

■ 有意購置私人樓宇單位的人士可申請自置居所貸款計劃，借取免息貸款。

■ 特別委員會保留隨時檢討補償金額之決定。

■ 假如你並非自 1987 年 1 月 14 日起一直居住於九龍城寨，你只能獲得第五頁（乙）（一）項的現金補償。

■ 假如你居港年期計算至 1990 年 3 月 31 日止仍不足七年，你只能獲得第五頁（乙）（一）項的現金補償。

■ 假如你是自住業主，但自 1987 年 1 月 14 日或其後起擁有

位於城寨以外地區的住宅物業，你將喪失被安置之資格，但仍可獲得第五頁（乙）（一）項所載的現金補償。你亦可申請購置居屋單位，但不會獲得優先購置居屋資格。

■ 單身人士自住業主並無購置居屋單位之資格，但可獲載於第五頁（乙）（一）項的現金補償。視乎安置資格及公屋單位之供應情況，你或可選擇獲配一間供單身人士租住的公屋單位，若然，則載於第五頁（乙）（一）項的現金補償將不適用，而該樓宇單位之現金補償將按其公平市值計算。

■ 有關彌補因搬遷所需費用的補償資料，請參閱第八頁。

### 工商業用途樓宇

■ 用作計算工商業用途樓宇的補償原則和用作計算住宅樓宇的補償原則兩者相同。唯一分別是工商業樓宇擁有人或租用者一般皆不能獲得安置，除非該等人士能符合載於第二頁內之資格。

■ 有關補償細則，請參閱〈租客的選擇〉及〈業主的選擇〉二章。

■ 假如你聘請測量師或估價師協助你與政府磋商補償價格，而你最終所獲得的補償金額是根據你的樓宇的公平市值計算，而並非根據第五頁所載之資助購置居屋單位之補償金額計算，則你已付給上述專業人士的合理費用，將會由政府發還。

■ 你亦可獲因清拆所引致合理搬遷費用的補償。請參閱下列有關資料。

### 住戶及營商人士的補償

■ 合符資格之住戶及營商人士將會獲發因清拆城寨而導致他們所作的合理支出，例如搬遷家具、廠房及機器的費用、購置新樓宇所需的律師費及印花稅等。

申請發還此等支出時，申請者必須呈交有關的付款證明。此外，申請者須證明該等支出為合理之費用。

■ 一般而言，假如申請的項目簡單而直接，則補償金額將會按標準補償率計算。你可以選擇接納該筆補償款項而不需要另作更詳盡的補償申請。該標準補償率並非固定的，而是按樓宇用途類別（即住宅、商業或工場等）、樓宇位置等不同因素而增減。

■ 因清拆引致之生意損失的補償申請，必須附有充分的單據證明。假如你聘請測量師、估價師或會計師協助計算申請補償額，而你最終獲得的補償金額比按標準補償率所計算而得出的金額為高，則你已付給上述專業人士的合理費用，將會由政府發還。

### 注意

若干行業將不會獲得生意額損失的補償或搬遷津貼。這類行業包括賭檔、色情場所、鴉片烟格及其他經特別委員會議決為並無資格接受補償的行業。

### 有關問題及答案

（下列問答僅提供閣下參考，以便理解補償及安置細則對閣下之影響。倘有不明之處，敬請到樂富邨十七座專責事務辦事處查詢或致電政務總署，電話號碼 3-379906。）

### 假如我不同意政府提出的補償金額該怎麼辦？

閣下應該前往樂富邨十七座專責事務辦事處與屋宇地政署產業測量師磋商你的問題。

在若干特定情況下，政府會發還閣下因聘請專業測量師、估價師或會計師代表你與政府磋商而付出的合理費用。

假如經磋商後仍未能達成協議，閣下可以向評估覆核小組申請仲裁。評估覆核小組之職權範圍詳載於附錄二。

### 我何時可以收到有關補償及安置的專函？

城寨清拆將分期進行，直至 1990/1991 年完成為止。第一期居民的補償及安置專函將於 1987 年 12 月下旬開始發出。由於要發出的專函超過三千封，整理需時，故此專函將會分批寄發。因此居民收取函件的時間將會不一致。

### 我何時始可提取補償款項？

在寄予閣下的專函內將詳列提取補償款項的細節。一般而言，部分款項將於閣下遷出城寨前支付，餘款將於閣下遷離城寨後支付。

非自住及非自用業主，可於與政府達成協議後，提取整筆款項。

### 如何提取款項？

政府將以支票方式付款。務請閣下開備銀行戶口以便兌現支票。

**假如達成補償金額協議前，我已遷出有關樓宇單位並將其交予政府接管，對我將可獲得的補償金額會有何影響？**

一般而言，政府在未接管有關樓宇單位前，會首先支付部分已計算好的補償金額予有關人士。當上述情況發生時，一俟雙方達成協議，政府將會支付全部餘數及其附帶利息。

生意額的損失會否獲補償？假如我不能另覓地方繼續經營，又會否獲得補償？

假如閣下符合資格，閣下生意額的損失將會按評估規則而計算。假如有理由相信閣下之生意將不能另覓地方繼續經營，閣下可獲得之補償將按永久停業的基礎來作估計。

**我可否要求政府提前接管我擁有之樓宇單位？**

為免影響清拆的進度，政府是不會接納提前接管樓宇單位的申請，但會酌情考慮下述情況：例如申請人能證明他將面臨嚴重經濟困難，或假如政府拒絕其申請將會造成對其極不公平的待遇等。該等申請被接納與否還須視乎有無附帶之公屋或居屋之需求，及有無足夠撥款及其他資源應付所需開支。

假如閣下有需要就此等問題作進一步了解，請與設於樂富邨十七座的屋宇地政署專責事務辦事處的職員聯絡。

**我可否延遲遷出及將樓宇交予政府接管，以便獲得較佳安置地點或更多的補償金額？**

不可以，而閣下可獲得的補償金額將無異於閣下原先應得的金額。

### 為安置而設之公屋及居屋單位將位於何區及何時可供選擇？

安置城寨居民的公屋及居屋單位將會遍佈全港。一俟輪到閣下須要搬遷時，房屋署定會修函告知有關詳情。

### 假如房屋署提供的公屋或居屋單位未能令我滿意，可否有其他選擇？

無論閣下選擇租住公屋或購買居屋，閣下都會有兩次選擇機會。倘若閣下兩次都放棄選擇，閣下將喪失被安置或優先購買居屋的資格。

### 可否就子女求學，或個人轉職等問題向政府部門求助？

當閣下知道將要搬往居住的地區後，倘遇有上述問題或其他問題時，請致電政務總署（電話：3-379906），以便了解哪一個部門可協助閣下解決問題。


## 附錄一

### 上訴審裁小組

（職權範圍）

（甲）接受及審議所有與清拆九龍城寨有關的投訴及申訴，但不包括因公務員的操守及行為或評估補償的基礎及價值而引起的投訴；

（乙）裁決有關之投訴及申訴，並以書面陳述裁決結果。小

組之裁決乃最終之裁決，除非在兩星期內，小組接獲覆核裁決之要求，而此要求僅限於覆核有關申訴或投訴所涉及之事實。涉及原則問題的覆核要求必須提交特別委員會處理；及

（丙）向特別委員會匯報小組工作進展。

## 附錄二

### 評估覆核小組

（職權範圍）

評估覆核小組須按政府地政監督（專責事務）或申訴人之申請根據評估規則覆核：

（甲）政府地政監督（專責事務）給予申訴人的補償是否公平；及

（乙）假如認為有不公平之處，裁定一個小組認為是公平的補償數額，並解釋作出如此裁決之理由。

## 附錄三

### 可計算樓面面積的定義

可計算樓面面積是指某個單位內可供業主支配使用的樓面面積，但不包括附屬的鐵籠、閣仔及公用地方如樓梯、通道、升降機槽、門廊，亦不包括鴿籠、狗屋、雞棚、水箱、泵房、電力變

壓房／電錶房、車房，以及通天、露台、花園、平台等地方。

　　■ 按上述的定義、可計算樓面面積的量度方法將是由樓宇單位的外牆的外邊起量度及由兩個單位的分隔牆的中間點起量度。

九龍城寨清拆事宜特別委員會

1987 年 12 月

# 關於清拆九龍城寨的一些小資料

1987 年 12 月 10 日，在中英兩國政府經過商議，對解決城寨問題達致共識的基礎上，香港政府終於公佈清拆九龍城寨將於 1988 年初至 1990 年底分三期進行，並對受清拆影響的居民提出了安置和補償細則。以下為關於清拆九龍城寨的一些小資料。

■　怎樣處理二十七億六千多萬元清拆九龍城寨的費用？

二十六億八千萬元用作對城寨業主及住客的賠償；二千零七十五萬元供堵塞城寨居民遷出後的空置地方用，以防閒雜人等進入；三百萬元用作保安；六千萬元用作拆卸工程。

■　香港政府何時公佈清拆城寨？如何進行有關工作？

香港政府於 1987 年 1 月 14 日宣佈此等清拆行動，同時成立九龍城寨清拆事宜特別委員會。隨後，該委員會在樂富邨十七座設立專責事務辦事處，並就有關問題先後開會十次，及與城寨居民代表進行六次會議。

■　九龍城寨清拆事宜特別委員會由哪些人組成？

九龍城寨清拆事宜特別委員會成員共十一人，由七名非官方人士及四名港府官員組成。委員會主席由房委會委員胡法光擔任，非官方成員有：房委會委員梁偉彤；市政局及九龍城區議

員、房委會委員浦炳榮；九龍城區議員、基本法諮委鄧泰全；特許測計師、基本法諮委及廣東政協委員簡福飴；九龍城區議員、法律界人士及基本法諮委陳子鈞；九龍城寨福利事業促進會副會長、基本法諮委陳協平。四名港府官員包括：副政務司呂孝端、註冊總署署長紀禮遜、屋宇地政署署長周湛榮及房屋署副署長（「行動業務」）冼德勤。

■　九龍城寨區內共有多少建築物？

十至十四層的大廈約五百幢，約有八千三百個單位。

■　九龍城寨有多少名業主？

至 1987 年 11 月 21 日截止登記為止，共有八千零七十二人登記，佔城寨單位總數百分之九十七點五。

■　九龍城寨人口中，業主與租客的分配如何？

受第一期清拆影響的將有一千二百九十七個家庭的四千四百二十六名自住業主；一千四百五十一個家庭的三千四百七十三名租客。

受第二期清拆影響的將有一千六百二十個家庭的五千七百七十七名自住業主；一千七百三十七個家庭的四千三百零八名租客。

受第三期清拆影響的將有二千零七個家庭的七千二百二十八名自住業主；二千五百五十六個家庭的六千一百九十六名租客。

總括言之，受清拆城寨影響的家庭共一萬零六百六十八個；受影響人口達三萬一千四百零八名。

**魯 金 作 品 集**

策劃編輯　梁偉基
責任編輯　張軒誦
書籍設計　陳朗思
書籍排版　吳丹娜


書　　　名　九龍城寨簡史

著　　　者　魯金

出　　　版　三聯書店（香港）有限公司
　　　　　　香港北角英皇道四九九號北角工業大廈二十樓

香港發行　香港聯合書刊物流有限公司
　　　　　　香港新界荃灣德士古道二二〇至二四八號十六樓

印　　　刷　美雅印刷製本有限公司
　　　　　　香港九龍觀塘榮業街六號四樓A室

版　　　次　二〇二三年八月香港第一版第一次印刷

規　　　格　特十六開（145×210mm）二一六面

國際書號　ISBN 978-962-04-5337-3